破局之道

财富管理共赢策略

万幸 | 著

电子工业出版社.

Publishing House of Electronics Industry

北京 · BEIJING

内 容 简 介

本书针对财富管理行业从业者，提供了一套立足买方视角、以客户为中心的全生命周期服务策略。基于行业降费降佣、降本增效的趋势和市场跌宕的背景，本书主要分享了"应对、安抚和助推"三大核心模块，旨在帮助从业者建立与客户之间的长期信任关系，实现财富的保值与增值。其中，"应对"模块提供了一套完整的财富管理专业框架；"安抚"模块则聚焦于如何理解和引导投资者的情绪，帮助他们在市场波动中管控情绪，避免非理性决策；"助推"模块则提供了一套营销助推技巧，旨在通过专业知识和依托社会心理学构建影响力来推动客户做出正确的投资决策。

本书还结合了丰富的案例分析，展示了如何将这些策略应用于实际的财富管理场景中，帮助从业者在市场跌宕中依然能够为客户提供有效的财富管理服务，实现共赢。

本书适合财富管理行业的从业者、培训师、高校财富管理专业师生以及对财富管理行业感兴趣、立志想要从事相关工作的人阅读使用。

图书在版编目（CIP）数据

破局之道 ：财富管理共赢策略 / 万幸著. -- 北京 ：
电子工业出版社，2025. 4. -- ISBN 978-7-121-49990-6

Ⅰ．F830.593

中国国家版本馆 CIP 数据核字第 2025VY7600 号

责任编辑：黄爱萍
印　　刷：北京雁林吉兆印刷有限公司
装　　订：北京雁林吉兆印刷有限公司
出版发行：电子工业出版社
　　　　　北京市海淀区万寿路 173 信箱　　　邮编：100036
开　　本：720×1000　　1/16　　印张：15.25　　字数：292.8 千字
版　　次：2025 年 4 月第 1 版
印　　次：2025 年 4 月第 1 次印刷
定　　价：66.00 元

凡所购买电子工业出版社图书有缺损问题，请向购买书店调换。若书店售缺，请与本社发行部联系，联系及邮购电话：（010）88254888，88258888。

质量投诉请发邮件至 zlts@phei.com.cn，盗版侵权举报请发邮件至 dbqq@phei.com.cn。

本书咨询联系方式：faq@phei.com.cn。

序

涨跌有时，进退有据——一封写给财富管理从业者的信

亲爱的银行理财经理/券商投资顾问/基金渠道经理/三方市场人员：

你们好！

有些朋友可能已通过线上或线下的交流与我们见过面，有些可能尚未谋面，但不管怎样，这封信就是为你们而写的，这些话都是对你们所说的，所以见字如面！

自 2021 年开始，市场走出了持续跌宕下行的态势，这带来的直接结果是沪深 300 指数连续三年（2021 年、2022 年、2023 年）下跌，与此同时，公募偏股基金指数更是出现历史上从未有过的连续两年（2022 年、2023 年）大幅收阴，而在 2024 年 9 月 24 日市场终于迎来了一次像样的爆发，国庆节前的五个交易日，上证综指直线拉升接近 600 点，从 2700 点站上 3300 点。

但即便如此，过往三年多至今能够回本乃至盈利的投资者还是寥寥，经过市场长期"蹂躏"的人们，在市场的浪花突然打过来的时候，最大的反应是害怕失去，害怕再一次坐过山车，所以"且战且退"，哪怕没有回本，也要在市场行情刚启动且依然处于低谷阶段就将自己手上的筹码部分拱手让出。

　　一方面，自 2021 年开始，我们面临的是一个极其容易亏钱的市场！不管是偏股型产品还是含股类的"固收+"产品，都无法幸免于难（以市场主流的二八股债中枢的"固收+"产品来看，过去几年跌宕起伏，持有至今浮亏几个点也属正常，而投资者在购买此类产品时的预期都是安全稳健，比较和锚定的对象都是净值化理财产品）；另一方面，这也造成了投资者的"PTSD"（创伤后应激障碍）或"疤痕效应"的存在。这是一种自证式的预言，在熊市中亏钱的经历可能会继续导致他们在牛市中亏更多的钱。什么意思？这些套在市场里的投资者，按道理说，是一直在场的人，是承受了苦痛也理应在后续可能的市场上涨中分享果实的人，但他们中的绝大多数人会把握不住，他们在场的原因是"被动"的，一旦有机会，他们更愿意选择"离场"，或是即便没有"离场"，让他们一开始因为这种"被伤害的感受"而一直处于犹豫的状态中，随着行情的进一步走高（可能来到了 4000 点甚至更高时），又再次"醒悟"，选择加仓，尝到甜口后进一步重仓，重蹈之前"倒三角式"加仓，买在高点却最终被套的覆辙。

　　随着 2021 年底资管新规过渡期的结束，我们正式进入一个产品全面净值化的时代，但净值化的背后是波动。只要有波动，就必然会有此起彼伏、连绵不绝的售后问题，这些问题需要财富管理行业从业人员去解决。

　　但就如同巴菲特所说的那样，"波动本身并不是风险，本金永久性的损失才是"，涨跌有时，波动难免，我们注定要在投资的过程中去陪伴客户感受波动、理解波动、适应波动，甚至到最后喜欢上波动，而这一切都需要时间。

　　那么在充满波动的市场中，什么是财富管理行业从业人员所迫切需要的呢？或许是售后话术、解套技巧。

　　但非常遗憾的是，这封信中没有涉及这些内容，因为我更想和大家探讨一些我认为更深层次的内容，总结下来有以下三点。

（1）解套：我们要解的并不是产品的套，而是客户心里的套。

市场下跌，在安抚好客户情绪之后，我们做得最多的一件事就是努力帮助客户解套。但"解套"这个词本身就含有"技术上的被动应对"和"客户心理上的主动迎合"的意味，简而言之，就是"先把这一关过了再说"！

但如果真的过了这一关，且随着时间的推移客户购买的产品已经开始回本，那么按照这种解套思路操作的产品还能继续坚定持有吗？还能拨开云雾见天日，去享受权益投资时代给我们带来的收益和回报吗？应该很难！

因此，作为一名财富管理行业的从业者，在面对市场的每一次大跌时，我们都说不要浪费市场给予我们的每一次好机会。

可见，当市场大跌时，帮客户解套的思维和做法并不是最好的，最好的做法是要解客户心里的套。

王阳明说：破山中贼易，破心中贼难。

赚钱时还想多赚的那种贪婪，急跌时想要马上逃离的那种恐惧，都是客户真真切切的感受。市场是最好的老师，帮助客户感受这些感受（记录）、面对这些感受（真正共情和持续坚持）和跨过这些感受（跨越周期，最终获利），这才是真正地把握住了市场每次大跌所给予的机会。

当然，帮客户解心里的套有很多技巧，比如真正的共情并不是表达"我能理解你的感受"，而是表达"没有谁可以真正做到感同身受""我们每个人可能都在经历一场别人一无所知的战争"；而真正的安慰其实是"我的损失更多，但即便如此，我也没有放弃希望，依然在紧张和兴奋的状态中积极应对"。

不过请注意，我们和客户沟通时的所有言语都应该根据我们所处的真实情况来组织，不能是虚构编造的，因为真诚是沟通中最重要的利器。

（2）核心：给客户一套框架和一把标尺，这比有针对性的解决技巧和话术更重要。

为什么不要总考虑帮客户解产品的套？因为这会让我们陷入"头疼医头、脚疼医脚"的循环当中。实际上，很多时候解决问题的关键并不在问题本身，而在问题之外。

产品被套了，要不要继续持有取决于之前购买产品的逻辑有没有发生变化，即看基金经理的中长期业绩是否依然优异，基金经理有没有更换，基金经理的管理规模是否超出其管理半径，基金经理的投资风格是否出现偏移等。如果得到的答案都是正向的，那么继续持有该产品便是题中应有之义；而是否要逆势加仓，则取决于在购买的产品组合中这种风格的产品是否买得还不够多，即是否已经做到了均衡配置，而不只是针对单一产品下跌就考虑是该买还是不该买。

我曾在公众号文章《现在，是否已经到了超配偏股型基金的时候了？》中介绍过财富管理行业关于价值投资的理论，概括起来有三点：基于价值投资的投资观先行、学会分析内在价值和理解市场定价逻辑。

我们都知道，股神巴菲特是价值投资的集大成者，他在早期继承了他的师父格雷厄姆的"买便宜的好东西"的思想，并且把侧重点放在了"便宜"上，而到了中后期，他开始融合费雪和他的合伙人查理·芒格的思想，发展出"以合理的价格买入优质的资产并长期持有"的思想。

对于财富管理行业的从业者和普通的投资者而言，我们所讲的财富管理的框架都只是在股神巴菲特的上述两个思想的基础上进行的两个维度的演化：一个是仓位管理；另一个是分散投资/均衡配置。

综上，我们就有了不管是对财富管理行业从业者还是对普通投资者而言都非常重要的十六字箴言，即仓位管理、均衡配置、长期投资、动态平衡。而这十六个字对应的也是财富管理端资产配置方法论（战略资产配置、战术资产配置、产品配置和动态再平衡）的核心重点。

基本上我们所面临的所有售后问题，都能够在这十六个字的框架内得到专业维度的解答和支持。

（3）体系：财富管理工作需要的是营销、专业、服务三位一体，但这三者的内涵和侧重却完全不同。

财富管理行业从业者除了要掌握专业技能，还要掌握营销、服务等技能，但需要注意的是，在日常工作成果的体现上，三者的内涵和侧重完全不同。

下面，我给大家介绍一个我们在培训时经常提及的公式：

$$产品销量（或存量）＝客户数×投资额×复购率$$

关于这个公式，有以下三点需要大家特别关注。

（1）我们更强调存量。

（2）这个公式已经告诉了大家，你的销量或存量从哪里来，毫无疑问，是客户数、投资额和复购率三者共同创造的。

（3）这个公式并不是告诉你，客户数、投资额和复购率三者都是可以无限量提升的。客户数的提升靠的是营销或助推、投资额的提升靠的是专业、复购率的提升靠的是服务。

结合过去几年市场大跌、客户浮亏带给我们的阵痛，我们明白一个道理，即一个客户的最大投资额在一定程度上来说是既定的。什么意思呢？每个客户结合其所处的投资阶段和风险偏好，都有适合他的投资仓位，并不是所有的资金都可以拿来做投资，这也是上面十六字箴言里讲到的"仓位管理"，即每个客户都有适合他的仓位管理。

但在实际工作中，我们却往往无视"适合客户的仓位管理"这一点。比如，当我们要完成一款产品的销售任务时，便会不自觉地找那些已经习惯买基金产品、有了赚钱体验，而且愿意多投资金的客户去继续购买产品，而不考虑他的仓位管理情况，直到市场大跌让客户的资金无法周转为止。

所以，仓位管理与其说是一项专业技能，倒不如说是回归初心的职业坚守。但既要客户少买，又要完成产品的营销任务，怎么办？答案很简单：寻找更多的客户，与其消耗一小群客户的信任（客户少，仓位重，孤注一掷），不如培养一大群客户的忠实（客户多，仓位轻，进退有据）。

总结一下就是："让更多的客户买入匹配的金额并且长期持有（战略择时）"，而非"让一（小）部分客户买入越来越多的金额并且赎旧买新（频繁操作）"。

到这里，这封信已经写得很长了，总结下来，我想和你们说的就是：感受当下，把握框架，回归初心，做虽难但正确的事。

有了这些思考，我们就可以真正进入接下来的旅途了。

旅途上见！

万幸

财富管理行业一名介入的旁观者

目　录

模块一

财富管理工作的两个基本假定

所有的武功都有其独特的心法和基本功，即使武功的招式都差不多，不同的人用起来的力道和效果也完全不同。财富管理也一样，看着操作方法都差不多，但结果却有着天壤之别。究其原因，不同财富管理从业人员的心法和基本功不同。

所以，我将在本模块讲一讲财富管理工作的心法和基本功。

财富管理工作的心法和基本功，都来源于以下两个基本假定。

● 假定一，不可预测。什么不可预测？资本市场不可预测。

● 假定二，有限理性。谁是有限理性的？市场的参与者都是有限理性的。

我们在学经济学时，一开始就会接触所谓的基本假定，比如假定资源是稀缺的、人是完全理性的、市场是完全有效的、私人产权是神圣不可侵犯的等。有了这些基本假定，才能展开具体的学习与讨论。同样，在探讨财富管理工作时，就是基于上面所说的两个基本假定来展开讨论和分享的。

一、基本假定一：不可预测

（一）市场真的不可预测吗

市场真的是不可预测的吗？这个问题的答案并没有那么显性，市场究竟能不能预测，大家的观点并不一致。

我想大家都看到过这样一个现象，那就是每年岁末年初，券商研究所基本都会对接下来一年的经济、金融、股票、债券、商品等进行一番预测。这两年，基金公司也迅速加入，声势浩大地在线上、线下召开各种投资策略会，基金经理们也悉数登场，对市场和投资发表自己的观点与看法。

如果我们说市场是不可预测的，那么这些机构的动作我们又该如何解释呢？这个问题，稍后我再回答，我先带大家看几个案例和数据。

我经常会在线下的培训中讲起这样一个案例：2018 年年初，某知名券商首席策略分析师对市场做了十大预测，结果在 2018 年年底回看的时候，发现预测错了九个半。是他水平太差了吗？其实也不是。所谓，"别人笑我太疯癫，我笑别人看不穿！"

但不管怎样，当年没有看到这十大预测且没有照做的投资者一定会暗自庆幸，因为如果照做了肯定损失惨重。难怪 2018 年年底媒体给出了以"一年前，十大券商首席 2018 年策略是怎么写的？幸亏你没看！"为标题的报道，让人看了不禁哑然失笑。

大家可以想想，做预测的可都是专业人士、行业内的佼佼者，为什么连他们都会预测错呢？

现在回看 2018 年的行情，我们当然知道了，没有预测准的原因是 2018 年上半年发生了始料未及的"黑天鹅"事件，而该事件主导了 2018 年的市场行情，因此预测不准是情有可原的。

难道只有 2018 年会发生"黑天鹅"事件吗？当然不是，受"黑天鹅"事件的影响，即便是再专业的分析师，恐怕也难以预测准确。

由此，一个全新的词汇应运而生，即乌卡时代（VUCA，Volatile Uncertain Complex Ambiguous），意思是易变、不稳定、不确定、复杂和模糊。

在乌卡时代，"黑天鹅"和"灰犀牛"事件频繁得就像潮起潮落，在做出预测之前，如果我们无法将这些因子囊括在预测模型当中，那么试问又怎么能预测准确呢？

（二）有预测准确的大师吗

通过上面的案例我们知道了，"黑天鹅"和"灰犀牛"事件的出现，让正常的预测变得不准确，但其实，即使没有这两类事件，对投资市场进行准确预测也是一件很不容易的事，因为除了"黑天鹅"和"大犀牛"事件，市场本身也是风云变幻、波谲云诡的。

那么问题来了，难道就没有人能预测准确吗？

实际上，在行业里确实也流传着广为人们认可的预测大师，他们给出的预测和判断，在很大程度上暗合了后续市场的走势，这其中最著名的当属周金涛。周金涛所著的系列图书《涛动周期论》被很多人所追崇。但非常可惜的是，在他之后，貌似再没有人能够成为像他那样的大师。

当然，在中国的投资预测市场上，也并不是说除了预测不准的，就是预测得准但已故的，也有很多当下活跃的券商分析师及资管机构的基金经理拥有宏观分析并落脚到市场大盘、行业等的预测能力，在不同年份也都能判断得当，取得不错的成绩。也就是说，我们必须承认，关于预测这件事，还是有人可以做到准确的。

（三）预测准确就能赚到钱吗

我们在前面介绍了，即使市场再难预测，也还是有预测准确的，但紧接着又有了这样一个问题，预测准确就能赚到钱吗？

　　海通证券的前知名分析师用自己的转型结果，告诉了我们"投资"和"研究"之间还有着一道很难跨越的鸿沟。作为卖方研究人员的大佬级人物，曾经研究所的"扛把子"，该知名分析师于 2021 年 2 月离开卖方市场，加盟买方机构中泰资管，正式转型为投资者。

　　在卖方多年积累下的巨大的市场认可度和行业影响力，帮助该知名分析师在 2021 年 4 月就募集了一个私募产品中泰超新星 1 号。承载着投资者热切期盼的中泰超新星 1 号（简称"超新星 1 号"），产品净值除了在成立后短期内达到过面值，绝大多数时间都处于浮亏状态（根据第三方发布的产品净值数据）。而且随着时间的推移，浮亏的时间和程度都在积累。根据 Wind 统计，至 2022 年 10 月，超新星 1 号一度深跌至 0.6 元以下。此后随着市场反弹，后续净值（截至 2022 年 12 月 19 日）也没有超过 0.76 元（如图 1-1 所示）。

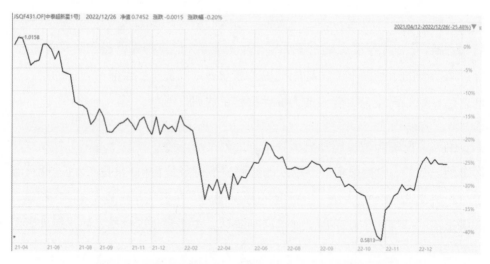

图 1-1　Wind 数据统计，时间：2021.04.12—2022.12.19

　　为什么研究能力强劲、研究成果得到大家普遍认可的行业佼佼者会在转型投资后的一年多时间里折戟沙场呢？我们当然不能说是因为其在券商研究所时预判能力强，到投资部门做投资后研判能力就大幅减弱，或许背后的原因是研究与投资中间还隔着一层交易心理的磨砺。

首先预测准确这件事就足够困难了，其次是实际的投资场景其实是在玩一场无限的游戏，也就是我们只要还在投资，就需要不断做出预测。如果想要持续玩下去，就需要我们至少做到两点：一是错少对多，即预测正确的概率要足够高；二是在预测对的时候敢于下"重注"。

而实际上，在这场预测游戏中，胜率越来越低可能会导致我们在实际交易中内心不够决绝，瞻前顾后不敢下重注或不幸刚好赶在预测错误时下了重注，从而直接出局。

另外，我还想给大家提供一组更加普遍和直接的数据（如表 1-1 所示），这组数据来自上海证券交易所，其客观、真实、样本大、时间久，统计的是 2016 年 1 月至 2019 年 6 月单个账户的年化收益水平。我重点想让大家看的是中间"择时收益"这一栏，你会发现不管是小散户还是大散户，不管是机构投资者还是公司法人投资者，这部分收益都是负的，无一例外。由此可见，个人投资者认为的机构投资者在信息获取以及信息处理方面的能力会显著优于自己，从而短期操作的胜率也高于自己，这是不准确的。

表 1-1　各类账户投资收益

账户	总收益（元）	择时收益（元）	选股收益（元）	交易成本（元）
散户 10 万元以下	−2457	−774	−1532	−151
散户 10 万～50 万元	−6601	−3018	−2443	−1140
散户 50 万～300 万元	−30 443	−15 558	−10 171	−4714
散户 300 万～1000 万元	−16 503	−80 767	−65 269	−18 467
散户 1000 万元以上	−89 890	−411 584	402 271	−80 577
机构投资者	13 447 655	−4 176 872	18 074 792	−450 265
公司法人投资者	23 440 904	−14 766 355	38 244 620	−37 361

资料来源：上海证券交易所。

说了这么多，其实我还没有给出在本模块一开始就探讨的市场究竟是否可预测的答案，不要着急，下面我要和大家分享的这部分内容的观点就是关于此的，相信大家在阅读完之后，会有一种豁然开朗的感觉。

结论一：市场并不是不可预测的，而是我们倾向于认为市场不可预测。

（1）从客观上说，不管是长期市场还是短期市场，都有其运作规律，比如长期市场主要受价值、周期的影响，而短期市场则主要受投资者情绪的扰动；长期市场规律往往是第一性的，更加容易探寻，短期市场规律却类似于俄罗斯套娃，需要层层剥离后才能找到真相。

（2）这种基于价值和周期的第一性规律和俄罗斯套娃规律分别是什么？其实第一性规律对应的是价值投资和战略择时，俄罗斯套娃规律对应的是趋势投资和交易投机。其中，价值投资和战略择时只需要我们买"便宜的好东西"和"把握模糊的正确"，判断大的周期中价格和价值相差甚远的关系（现在的估值/价格是否远大于/远小于现在的价值）即可。这种投资分析的是现在，难度相对较小，大多数人通过学习都能够掌握。而趋势投资和交易投机则需要我们时时小心、处处留意，提前半步分析出自己所处的经济周期、资金边际和市场情绪，这种投资相当于让我们具备预测未来的远见，并且要在投资这场无限的游戏当中对多错少，而这只有极少数人能够做到。

（3）现在再来说市场究竟可不可以预测，其实我最真实的答案是，市场并不是完全不可预测的，只是能够掌握这种短期市场波动规律并据此赚到钱的人凤毛麟角。而财富管理行业是面对大众做投资理财服务的，从业人员数以百万计，需要服务的投资者数以亿计，所以这个行业的专业方法论，并不适合用"预测"的逻辑来指导自己和客户。

结论二："不可预测"并不仅仅是专业思维上的转变，还会带来投资行为的改变，这才是我们提供和推崇"不可预测"假定的根本原因。但关于这一点，整个基金行业以及银行、券商、三方财富领域等貌似都没有给予足够的重视和理解。

"可预测"对应"强者思维"，"不可预测"对应"弱者思维"，弱者思维会促成"长期投资"和"逆势加仓"，在修正投资者投资行为偏差和最终账户收益获取上会产生无法替代的价值。

其实不管是来自全球最大的共同基金公司先锋领航集团的统计，还是国内最客观及样本量足够大的《公募权益类基金投资者盈利洞察报告》（2021年版）的统计，对投资者投资收益影响最大的投资行为就是这三个：追涨杀跌、频繁操作、处置效应。当然，这三个投资行为主要蚕食了基金经理创造的产品收益，如果我们还想创造额外的伽马（γ）收益，即通过投资行为获取比基金产品更高的投资收益，就需要在投资行为中再加上一个重要的行为——当产品估值不高且下跌时不敢加仓。

分析造成以上四种投资行为的心理诱因，可以看到它们都有一个共同的因素，叫作"不甘心"。比如为什么会追涨杀跌？因为不甘心自己赚得少，亏得多；为什么会频繁操作？因为不甘心自己只获得这么少的收益；为什么会把亏钱的产品一直留着？因为不甘心亏着出局；为什么下跌时不敢加仓？因为不甘心自己刚加进去的资金就面临浮亏的可能。而以上种种"不甘心"的背后都是一种"强者思维"，即不承认自己做不到，认为自己可以做得更好。但"强者思维"带来的并不是成为强者的结果，而是各种各样的投资行为偏差。承认自己的不足，接受"弱者思维"，反而能够让我们从根本上接受世事的无常。万事万物都是无常的，资本市场将这种无常更加淋漓尽致地反映了出来，从而让我们剔除内心种种不甘的执念，做到不再执拗地想要去"追涨杀跌，频繁操作，处置效应以及下跌时不敢加仓"。

所以，"长期投资与逆势加仓"貌似是"佛渡有缘人"的说法和做法，做到了也就做到了，做不到好像永远都做不到，但事实并不是这样的。事实上，决定我们能否做到"长期投资与逆势加仓"的核心是我们是否破除了"心中之贼"，即"不甘心"，而"不可预测"的假定从一开始就将这一点给破除了。

结论三：投资最重要的不是预测，而是应对。预测有可能让我们赚不到钱，但应对可以。

预测有可能让我们赚不到钱，那要怎么办？答案是应对。什么是应对？所谓的应对，是将市场接下来的各种可能性都提前考虑到，并分别给出相应的措施。比如，如果市场接下来将出现超预期下跌，那我们怎么提前配置来应对这种可能？又比如，市场接下来将出现超预期上涨，那我们又该如何通过提前配置来应对？再比如，市场接下来将持续震荡，没怎么涨也没怎么跌，那我们又该如何通过提前配置来应对？市场的走势从大的方向上看无外乎就这三种情况，全部考虑到了也就能做好事前的应对。

当然，应对不仅仅是在事前把各种可能发生的场景想到并提前做好规划，同时还要考虑到事情发生之后（下跌、上涨、持平）该怎么办。

我们给出的事前应对和事后应对的核心浓缩提炼出来就是十六个字：仓位管理、均衡配置、长期投资、动态平衡。其中，仓位管理和均衡配置是事前应对的核心，长期投资和动态平衡是事后应对的关键。为什么这十六个字就可以涵盖事前应对的核心和事后应对的关键呢？我们会在模块二中重点和大家展开来分享。

到这里，关于"不可预测"的假定涉及的核心内容基本就分享完了，前面我们还留了一个小问题，那就是既然说市场预测这么难，判断正确的概率很小，那为什么各大券商研究所和基金公司每年还要发布年度投资策略并展开大型的投资策略会进行相应观点的分享呢？

对于券商研究所来说，探究宏观、产业、行业甚至个股的走势，发现其背后千丝万缕的联系和脉络关系，尝试找到那条亘古不变的规律，是他们的工作，也是这些卖方机构从业者不断努力的方向。至于基金公司近些年越来越多地发声和发表观点，一方面是对自己研究成果的输出和表达，另一方面其实也是对终端投资者情绪的揣测和迎合，这就类似于我们在实际工作场景当中经常要回答客户的问题一样——接下来市场会怎么样？我买的产品到底多久能赚到钱？

这些问题都是客户关心和在意的，因为在客户的观念里，赚钱效应是和所购买产品的好坏、所购买产品的时机以及短期涨跌密切相关的，就应该询问这些问题。

在这里，我想做两点提醒。第一，当涉及专业问题时，不要一味迎合，而是要适当引导和适当教育。上面我提到的破"心中之贼"的说法，来自王阳明的《王阳明全集》中的"破山中贼易，破心中贼难"。王阳明在他小的时候就写过一首《蔽月山房》："山近月远觉月小，便道此山大于月。人若有眼大于天，便知山高月更阔。"这首诗其实很好地揭示了客户因为忙碌和对投资的不关注等原因而导致投资视野被遮挡的状态和情况，这个时候往往需要局外人来帮助他们跳脱出来。第二，我们一定要切记，不要将券商研究所及基金公司的市场观点原封不动地直接灌输给客户，并据此给客户提操作建议。资产管理机构的资产配置和财富管理端的资产配置不是一回事，资产管理机构的资产配置只是财富管理端资产配置的一环，这一环所在的位置叫作"战术"，这些内容，我们会在模块二中和大家提及，接下来，让我们进入第二个基本假定。

二、基本假定二：有限理性

（一）为什么是有限理性

我们的第一个基本假定是和市场密切相关的，第二个基本假定是和我们所服务的对象本身，也就是客户密切相关的。

我们服务的客户，究竟是完全感性的还是完全理性的，还是时而感性、时而理性，感性中穿插着理性，理性中又伴随着感性的呢？

当然我们会有自己的感知和答案。实际上，这个问题并不需要我们回答，学术界特别是最近这些年逐渐走进大众视线的行为经济学和行为金融学已经给出了答案。

在行为经济学和行为金融学一开篇给出的基本假定中，人都是有限理性的，而在涉及金融投资这种离人性更近的领域时，有限理性就体现得更加淋漓尽致了。

丹尼尔·卡尼曼、罗伯特·席勒、理查德·泰勒，这些都是获得过诺贝尔经济学奖的大师，而他们获奖的领域都是行为经济学相关领域。实际上，不仅行为经济学和行为金融学领域是基于有限理性的假定来进行研究的，我们学习的主流经济学也有着类似的注脚。

被誉为"古典经济学之父""现代经济学之父"的亚当·斯密的旷世之作《国富论》是其于 1776 年出版的作品。在这本书中，他提出了"市场是一双看不见的手""自利在市场中产生利他效果"的著名论断，这表面是在讲市场，其实昭示了人的复杂性。但其实在这之前的 1759 年，他就在出版的另外一本书《道德情操论》中详细描绘了人的多样性和复杂性，揭示了人其实是理性与感性交织的共同体。时间进一步推移，我们再来看被后人誉为"宏观经济学之父"的凯恩斯，他于 1936 年出版了《就业、利息与货币通论》一书，该书同样可以被誉为旷世之作。而正是在这本书中，凯恩斯提出了"动物精神"的概念。所谓的"动物精神"，简单理解就是"人们的非理性部分"，而在 2009 年，针对此，行为金融学教授罗伯特·席勒还以《动物精神》为题，出版过一本书。

所以，我认为，经济学界其实一直知道并理解人的特性中的复杂性和多元性，只是因为近些年数量经济学大行其道，为了研究的方便，学者们才将一些他们认为不太重要的因子选择性地忽略掉了，或者采取了一些类似于控制变量法的方式进行研究，这与我们在学习自然学科（比如物理学）时，在假设真空的环境下进行研究并据此得出结论的道理类似。

（二）有限理性好不好

我经常会听到理财经理抱怨，"客户一点儿都不理性……跌了就抱怨、投诉，涨了又开始追逐，人们总是这么恐惧和贪婪"。所以在我们的想象中，可能都会觉得要是客户能够再理性一点儿甚至做到完全理性就好了，这样我们的工作就好开展了。真的是这样吗？让客户完全摒弃感性、拥抱理性，我们就真的能做好投资进而赚到钱吗？也就是让客户拒绝情感，变成一个理性投资和交易的机器，可以吗？答案是不可以。

著名心理学家乔纳森·海特所著的《象与骑象人》一书告诉我们，我们大脑里有一头大象，也有一位骑象人，大象就是我们的感性，骑象人则是我们的理性。决定我们能否行走（行动）的不是骑象人，而是那头大象，这也就意味着人的动力机制更多来自感性和情感，而非理性。真正的机器，其动力触发均来自外部程序的设置，所以，拒绝情绪、没有情感，并不会让我们变成一个纯粹理性的交易机器。恰恰相反，完全理性有可能让我们再也不会交易了，即我们失去了行动、行为的动力和动机。试想，一个没有恐惧、没有贪婪、没有喜悦、没有悲伤的人，又怎么会有行动力呢？

在投资当中完全理性并不一定会取得好的投资效果。一般我们会认为程序员和医生群体思维更加缜密、严谨和谨慎，但是事实表明，他们的投资业绩并不比其他群体好，而且很多时候还差于其他群体（案例取自图书《投资的怪圈》）。

为什么会出现这种情况呢？因为这些思维缜密、严谨和谨慎的投资者会更容易犯过度自信的错误。实际上，投资市场是最能让我们体验到"无常"的地方，世事无常，人生无常，一切无常。有谚语云，"人类一思考，上帝就发笑"。面对纷繁复杂、变化多端、充满不确定性的投资场景，我们人类所谓的理性光辉与智慧或许只有在摆正位置的情况下才能被更好地运用。

其实是投资市场本身的特性，让我们将这些所谓的感性（如恐惧和贪婪）界定成了一种偏差（错误），但其实恰恰是这些所谓的错误，才让我们得以生存和繁衍，并进化成现在的样子。

不知道大家有没有看过一部动画片，叫作《疯狂原始人》？在这部动画片里，原始人爸爸教育他们的孩子每天只要天黑了就必须马上躲回自己的山洞里，有一天他的女儿出于好奇竟然没有在天黑时回到山洞，于是引发了后面的一系列故事。而原始人爸爸之所以有这样的要求，是因为他敏锐地发现，他周边的人如果晚上没有回去，第二天就都消失了。其实没有回去的人是在黑夜里被其他猛兽吃掉了，或掉到悬崖下面摔死了。所以恐惧让他们得以生存。而另外，在原始社会，我们人类也还没有掌握耕种的技能、形成耕种的习惯，因此都在一起打猎。但猎到动物之后连续几天吃不完怎么办？那个时候无法储存，不能久放，但又不能吃不完就扔了，因为打猎不容易，下次不知道什么时候才能打到猎物，所以即使吃撑了也要继续吃。但也正是这种无奈形成的贪婪，才让原始社会的人们生存得更好。

所以早期人类正是依靠对恐惧和贪婪的敏锐本能反应，才得以更好地生存。只是资本市场就是一场反人性的游戏，所有受本能和本性驱使的行为都会让自己成为大多数人，这是因为立场决定态度，态度决定观点。

所以，我们经常会听到行业在做投资者教育时，有这样的说法："做一个理性的投资者。"但是我们真的可以做一个理性的投资者吗？理性的投资者真的就一定是好的吗？

我认为，这其实是一种集体懒惰的表现，我们与其倡导大家做一个"理性的投资者"，还不如倡导大家做一个"了解自己的投资者"，人生的很多痛苦就来源于"做不到""求不得"，一开始就避免走在错误的前提之下，能让我们把很多问题看得更清晰、想得更透彻。

至此，我们便能得出第二个基本假定的相关结论了。

结论一：因为人具备有限理性，所以给了我们必须要做金融营销（助推）的充分理由。

关于财富管理从业者的职业定位，先锋领航集团给出的建议有三个：理财规划师、资产配置师和情绪按摩师，这三个定位并没有营销职能。没有客户就没有办法开展上述三种职能的相关工作，而且从财富管理实现投资者资产保值、增值的投资目标角度出发，我们也需要做营销。

营销之所以重要，是因为以下两点原因：一是客户并非完全理性，在市场下跌、赚钱概率更大时，客户反而都不敢买；二是在日常生活中，客户会拖延为了未来做准备的投资，这时就需要有人在旁边助推客户做出正确决策。

金融营销和其他大部分行业的营销其实是存在本质区别的，如果用一句话来概括，那就是金融营销更讲究"责任感和职业操守"，因为它管理着无数家庭安身立命的根本。

所以，投资需要教育（投教），营销需要迎合，而金融营销需要先迎合再投教，且投教（或叫"引导"）不能省略。财富管理行业的营销不能做助纣为虐的事，而应基于客户的有限理性，在正确的方向上帮助客户，推动他们往前一步。至于营销（助推）技巧，我们会在模块四给大家详细介绍。

结论二：群体可以投教，个体只能关怀，因为人的有限理性，安抚（陪伴）是让客户资产实现保值、增值的唯一选择。

这一点，先锋领航集团已经在财富管理从业者的工作职能中进行了概括，即财富管理人员的职能之一是做客户的情绪按摩师，安抚客户的情绪，帮助客户最终实现财富保值、增值。

在先锋领航集团给出的财富管理从业者的工作职能中，理财规划是为客户定制出一条导航路线，连通起当下的起点和投资理财要实现的赚钱的彼岸，资产配置是为客户提供前往目的地和落地的工具（产品）；情绪按摩则是要协助客户在充满崎岖的投资理财道路上迂回地前行，从而助力客户最终达到赚钱的目的，如图 1-2 所示。

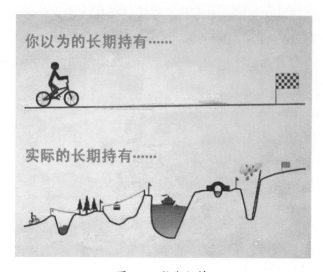

图 1-2　长期坚持

情绪按摩就是安抚（陪伴），那么为什么要安抚（陪伴）客户呢？因为财富管理的过程就像"西天取经"的过程一样，充满艰辛，要历经"九九八十一难"才能达到目的，而这样的过程必然会诱发客户的各种情绪。

所以安抚（陪伴）很重要，但在实际过程中切记要把握好安抚的度，否则很容易出现两种不好的局面：一种是对客户使用了迂回政策，却忘记了前进（一味地迎合）；另一种则是老想着前进，让迂回变成了套路（不够真诚）。这两种局面都无法最终实现为客户赚钱的目的。

到这里，关于财富管理行业的两个基本假定及由此推断出的展业方法就给大家分享完了。总结下来，两个假定推出的产品净值化时代的体系展业方法就是：专业应对、营销助推、售后安抚。

　　"专业应对、营销助推、售后安抚"组成的体系展业方法，既自成一派又是铁板一块，从搭建体系的角度而言，多一项显得冗长，少一项则又不够完整，在投资理财的各大场景中真的能够起到非常好的解决各类问题的作用。另外，该体系展业方法也与本书序中所介绍的与客户共赢的财富管理展业逻辑完美呼应在一起，如"让更多的客户买入"需要的是"营销助推"；"买入匹配的金额"需要的是"专业应对"；要做到"长期投资"则需要"售后安抚"；"战略择时"则同时需要"专业应对"和"营销助推"。

模块二

应　对

一、事前应对和事后应对

为什么事前应对的关键是"仓位管理"和"均衡配置"？为什么事后应对的关键是"长期投资"和"动态平衡"？为什么说"仓位管理、均衡配置、长期投资、动态平衡"这十六个字对应着财富管理端资产配置方法论？这个方法论的本质又是什么？这些都是本节要重点回答的问题。

（一）为什么事前应对的关键是"仓位管理"和"均衡配置"

我们在模块一的基本假定中谈到，事前应对就是在买产品之前将各种可能性都考虑进去，在任何情况下都做好对应的安排。

其实在事前我们最担心的主要是两个风险：一个是踏空，另一个是亏损。

"一道闪电"劈下来时，我没在场——踏空了，怎么办？那就在接下来积极参与市场；而如果市场出现了超预期的下跌，即使积极参与市场了，也将面临着巨大的浮亏，那么该如何应对这种风险呢？答案是"保持冗余"。而应对这两个风险的方法就是"积极拥抱，保持冗余"。

拥抱的是什么？无疑是资本市场。当前的市场背景是资管新规打破刚兑、散户机构化、个人养老金入市及房住不炒，这就预示着当下及未来会有数以百万亿元的资金源源不断地流向资本市场。所以说，我们现在已经进入了一个权益投资的大时代。

2020 年年初，中国人均 GDP 突破 1 万美元。美国在 1979 年人均 GDP 突破 1 万美元，日本在 1981 年人均 GDP 突破 1 万美元，这两个国家的资本市场主流指数均在此之后的十年里呈现出大幅的上涨。美国道琼斯指数涨了 3 倍，日经 225 指数涨了 5 倍。

历史不会简单地重复，但会押着相同的韵脚前进。因为在人均 GDP 突破 1 万美元之后，人们的需求和对应的国家发展模式都会发生重大转变，就像迈克尔·波特在《国家竞争优势》中写的那样"一个国家的经济发展模式会从劳动力驱动到投资驱动再到创新驱动，乃至最终到财富驱动的方式。"现如今，我们国家已经正式进入了创新驱动阶段，而创新驱动发展模式的配套措施是很难依靠间接融资来完成的，只能靠风险共担、收益共享的直接融资方式来推动。这就是我们要积极拥抱权益市场的底层逻辑！

接下来我们说一说"积极拥抱，保持冗余"的后半句"保持冗余"，这是被称为"黑天鹅之父"的塔勒布在其所著的《反脆弱》一书中提到的。如何从不确定性中受益？如何获得反脆弱的能力？塔勒布给出的建议是：保持冗余。所谓的保持冗余就是凡事都要留有余地、留有空间，以处理各种可能的不确定性。回到资本市场上就是：前途是光明的，但道路是曲折的。所以，任何时候都不要有赌徒的投资心理。

如此，我们将"积极拥抱"和"保持冗余"结合在一起，事前应对的第一个关键词"仓位管理"也就应运而生了。

事前只做到仓位管理是不是就能有效应对各种结果了？其实并不是。我们经常会听到一个词叫作"满仓踏空"，还有一句话是"起了个大早，赶了个晚集"，意思是说，虽然我们也参与了市场，但是因为买错了方向，所以导致市场涨了我们买的产品却没涨，甚至市场没跌我们买的产品却跌得很惨。所以，我们要想办法把这个问题提前解决掉，那么怎么解决呢？解决这个问题的答案不是提前预测，那么到底是什么呢？

这个问题的答案就是"均衡配置",所谓均衡配置就是对市场的核心资产、主流指数及不同风格的产品都进行适度的配置,这样就算是"东边日出西边雨",我们也不用过分担心。

自此,我们事前应对的各种情形都考虑得比较充分了,加在一起就是"仓位管理"和"均衡配置",接下来我们再说一说事后应对的关键。

(二)为什么事后应对的关键是"长期投资"和"动态平衡"

所谓的"事后"就是买完产品完成配置之后,这时面对市场的各种实际变化,我们该怎么办?

用作家余世存的话说,"做好了三四月的事,八九月自有结果"。买完了产品就类似于撒下了种子,接下来就是等待结果了,但是短期结果与市场的波动密切相关,比如市场可能会下跌,哪怕我们做好了准备,提前控制了仓位,但是只要参与其中,就依然会面临浮亏的痛苦。这个时候我们可能会恐惧,会害怕市场一直下跌,于是便选择"追涨杀跌,频繁操作"……

所以,事后应对的关键是什么?其实用一句话来概括就是"避免错误的投资行为"。在一档叫作《无人知晓》的音频播客节目中,有一期节目是主持人和一位知名的基金经理展开一场对话,那场对话的主题就叫作"投资者的收益是由基金经理和投资者共同创造的"。是的,投资者只有避免了错误的投资行为,才能最终获得甚至超额获得基金经理创造的投资回报。

那如何避免错误的投资行为呢?在前面我们提到,先锋领航集团及国内《公募权益类基金投资者盈利洞察报告》的数据显示,对投资者收益影响最大的投资行为偏差是追涨杀跌、频繁操作及处置效应,解决这三个行为偏差的共性答案就是长期投资。大家可以想一想,已经长期投资了,还怎么追涨杀跌?还怎么频繁操作?还怎么把赚钱的产品提前卖掉?所以说长期投资是一个"大杀器"。

是不是在买完产品之后，我们只需要做到长期投资就好了？

其实，从大道至简的逻辑上说，如果我们能够做到长期投资，真的就已经很好了。但是，事实上，作为一个普通人，如果买入产品做好配置后就面临持续下跌的行情，那么即使是神仙也无法做到长期投资，我们会觉得对自己购买的投资产品失去了控制力，这种感觉是很不舒服的。所以这种情况下正常的反应就是应该做点儿什么，好让自己重新掌握主动权。而"动态平衡"正是在这种情况下诞生的一套规则和方法。

你不是想做点儿什么吗？可以动，但是不能乱动，我们要讲究纪律、规则和方法。这个规则和方法就叫作"回归原来的样子"。而所谓的"回归原来的样子"，就是"回归到原来的股债比例"，即我们所说的"动态平衡"。"动态平衡"被称为资产配置中的第二个"免费的午餐"，它可以显著地提高投资账户的收益风险比，其核心逻辑就是通过对投资行为进行规范，变"追涨杀跌"为"追跌杀涨"，通过这种逆向的投资行为获得伽马（γ）收益，为我们的账户获取"免费的午餐"。

如此，事后应对的关键是"长期投资"和"动态平衡"的逻辑就给大家拆解完了。

接下来，我们要回答的问题是，"仓位管理、均衡配置、长期投资、动态平衡"这十六字箴言究竟有没有更底层的理论支撑？为什么它可以覆盖我们所面临的各种专业问题？

（三）十六字箴言与财富管理端资产配置方法论的相通性

2018 年年底，我从基金行业辞职出来做培训，当时录制的第一个线上课程就是"财富管理端的资产配置——理财师的第一堂必修课"（如图 2-1 所示）。这个课程总共录制了 400 分钟，是纯音频+文字稿的形式。现在回想起来，这个课程在实现了突破的同时，又存在局限性。

图 2-1　我的第一个线上课程

突破在于，我在一开篇就开宗明义地提出"财富管理机构的资产配置和资产管理机构的资产配置不应该是一回事"，但我们会习惯性地将它们混为一谈，并经常将资产管理机构或卖方机构的观点直接拿来就用，没有对客户做"基础投资仓位"（战略）和"可调投资仓位"（战术）的区分，从而给后续的工作埋下了巨大的隐患，但我们自己对此却一无所知。

其中最大的局限性就是我没能更明确地指出财富管理机构的资产配置和资产管理机构的资产配置的区别究竟是什么。关于这个问题，我现在可以直接给出答案了。其实两者最本质的区别是：财富管理机构的资产配置说到底并不是真正的资产配置，而是资金配置，它关注的对象只是每一个客户的资金，以及将客户的资金合理地分配到由不同资产组成的产品当中去的过程，这个过程关注的核心是客户背后资金的属性（闲钱）、客户的选择状态（闲时）以及客户的心理状态（闲心）。而资产管理机构的资产配置才是真正意义上的资产配置，它所关注的是不同资产的机会与风险，以及据此决定在不同的时间点究竟该投资什么资产及投资多少金额。

更进一步地，资产管理机构的资产配置其实只是财富管理机构资产配置中的一环，这一环叫作战术资产配置。在这一环之前，财富管理机构的资产配置中还有一个更为重要的配置选项，叫作"战略资产配置"。

财富管理端的资产配置方法论包含以下四步，具体如图 2-2 所示。

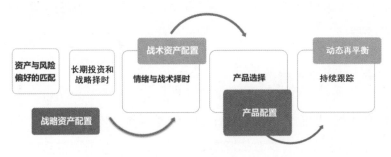

图 2-2　财富管理端的资产配置方法论

第一步，战略资产配置。

在这一步，我们需要搞清楚三件事：一是资产，二是客户，三是时间与周期。资产的问题包括弄明白资产类别、资产历史表现及组合后的效果与原理；客户的问题则包括客户对待风险的态度和风险承受能力，以及如何根据他们的风险偏好匹配相应的产品；时间与周期的问题则是学会应用"时间的玫瑰"理解长期投资和战略择时并不矛盾，而是相辅相成的，并且结合在一起才恰如其分地构成了"别人恐惧时我贪婪，别人贪婪时我恐惧"的闭环逻辑。

第二步，战术资产配置。

战术资产配置的作用是根据市场情绪等造成的短期市场走势微调战略资产在各类资产中的投资比例。这一步只是为了保持方法论的包容性，其实它并没有要求每一位财富管理从业者都要对客户持仓做战术调整，即使真的要调整，这个调整的比例最大也不应该超过 20%，采取的方式可以是一次性投资，也可以是定投。之所以把比例上限设为 20%，是因为要把"预判"放入规则的笼子，这样即使判断失误，也不会影响全局，而如果判断正确，则可以锦上添花。

第三步，产品配置。

产品配置是资产配置的落地与执行，其重要性不言而喻。虽然金融资产大类只有现金管理类、固定收益类、权益类和另类资产四类，但由这四类资产构成的产品却种类繁多。这一环节就是依据资产配置得出的比例在具体的产品中进行合理的选择。

第四步，动态再平衡。

动态再平衡，即回归到最初的比例。因为市场的波动和不同资产类别的产品在相同时间内的上涨、下跌情况不同，幅度也不同，所以就会导致在一段时间之后，之前配置的股、债、另类资产的产品比例与最初的设定不一样，此时就需要持续跟踪，按照最新的资金情况重新计算和配置，从而回到原来设定的比例。

这四步讲完之后，就让我们来看看它们与十六字箴言具体是如何对应的。首先，战略资产配置是财富管理端资产配置最为重要的环节，所以它对应着仓位管理和长期投资两个部分。战略资产配置对应仓位管理还好理解，但是它为什么还对应长期投资呢？其实这是"战略"二字的题中应有之义，试问哪家机构或个人的战略是"三天打鱼两天晒网"呢？因此"战略"本身就包含着长期维持的意思。其次，战术资产配置同样对应着仓位管理。再次，产品配置对应均衡配置，而均衡配置相较于产品配置还往前推进了一步，将配置的逻辑也隐含其中了。最后，动态再平衡就是"动态平衡"。

由此可见，十六字箴言之所以有效，除了源于实践，更重要的还在于它其实就是对财富管理端资产配置更直接的浓缩与提炼。从具体的解决投资问题的角度看，十六字箴言还360°无死角地解决了市场系统性风险问题（仓位管理）、非系统性风险问题（均衡配置）、投资行为偏差问题（长期投资）和短期市场超预期波动问题（动态平衡）。

可以说，这十六字箴言构成了财富管理工作专业知识的大致框架，只要将财富管理行业从业者在学习专业知识的过程中遇到的问题放入这个框架，基本就都可以得到解决。但很多时候我们也很害怕陷入知识的诅咒，忘记在讲者和听者之间还有一个"屏障"。所以在学习财富管理专业知识的过程中，不要一开始就把问题想复杂了，虽明了它的框架是简单的，但也不能因此就轻视它，而应该要学会在"战略上藐视它，在战术上重视它"。接下来，就让我们正式进入这十六字箴言板块，一起探究其与财富管理端资产配置的紧密关系。

二、仓位管理

仓位管理是最能体现财富管理端资产配置方法论的一个环节。最近这几年开始流行的基金投顾"四笔钱"策略，以及一直风靡银行、保险机构的标准普尔家庭资产配置四象限，它们的背后都体现了仓位管理的内涵，其实质就是我们前面提到的"资金配置"逻辑（如表 2-1 所示）。

表 2-1 基金投顾"四笔钱"策略

名称	资金性质	表现形式	考虑核心	配置建议
活钱	3～6 个月内要用的钱	家庭或个人日常开支	流动性	逆回购、货币基金等
稳钱	3 年内要用的钱	车款、房款、孩子出生用钱等确定性未来开支	安全性	货币+（+30%债券基金 or+5%股票基金）
长钱	闲钱，3 年内不用的钱	投资资金	流动性	正常资产配置
托底的钱	保险保障	医疗、意外、消费性重疾保险等	保障性	消费性为主，补偿性和储蓄型为辅

只是，"四笔钱""四象限"包括配置比例的建议等往往是基于经验和过往的统计数据给出的，并没有做到千人千面。在本书中，我们尝试更进一步地给出全新的解析。

那么我们具体如何为自己及服务的客户做好仓位管理呢？我将其总结为三层要件，第一层要件叫作"理念"，第二层要件叫作"基础"，第三层要件叫作"调整"，下面具体解释。

（一）第一层要件——理念

基于市场不可预测的假定，第一层仓位管理的含义叫作"永远不满仓，永远不空仓"。"永远不满仓"是敬畏市场，了解人的局限性，明白我们认为的好未必是真的好；"永远不空仓"是拥抱市场，在权益投资大时代，切忌被近因效应和短期情绪影响太大，因为我们认为的差也未必是真的差。由此我借用网络上一位名叫"斐哥的小板凳"的话来概括我对仓位管理理念的理解："我所理解的仓位管理，是在你非常看好一个市场的时候，还能忍住不全仓杀入，因为人生而有局限性，你所认为的好未必是真的好，你不看好的市场，也未必没有机会。我所理解的仓位管理，不是大起大落的心跳，而是细水长流的淡定和闲庭信步的悠闲。大势起，万水千山；大势落，沧海桑田。我所理解的仓位管理，是'人间四月芳菲尽，山寺桃花始盛开'，是'百花开时我不发，我花开时百花杀'，是'平时看不见，偶尔露峥嵘'，是一个总有风景陪你的世界。"

我之所以将"永远不满仓，永远不空仓"作为仓位管理的第一层要件郑重地提出来，是希望它能真正成为帮助我们自己及客户坚持投资的基本原则。而考验我们是否坚持了这一基本原则的标准，是看在操作时是否实实在在地将其落地与执行了。特别是要看在市场极度悲观、持续低迷，或连续亢奋、不断出现上涨时，我们是否仍然坚持这样做了。

（二）第二层要件——基础

这个基础是什么？是适合每个人的基础投资仓位。

仓位管理的第二层要件就是在基础要件中体现更多的"战略资产配置"中的"资产与风险偏好的匹配"。

那么如何确定适合每个人的基本仓位呢？这个问题可能需要我们回到资产配置的专业定义中去寻找答案。在中国基金业协会编写的证券投资基金教材

中，资产配置的定义是这样的："资产配置是以资产类别的历史表现与投资者
的风险偏好为基础，决定不同资产类别在投资组合中所占比重，消除投资者对
收益所承担的不必要的额外风险。"这个定义中需要我们重点关注的就是资产
类别、风险偏好和不必要的额外风险这三个概念。其中不必要的额外风险，是
将不同资产（包括由这些不同资产组成的不同产品）进行组合后所要达到的效
果，这个效果就是消除投资者不必要承担的风险。比如，将不同资产组合在一
起虽然收益没有增长，但是组合的整体波动性大幅小于单一资产的表现（如
图 2-3 所示）。

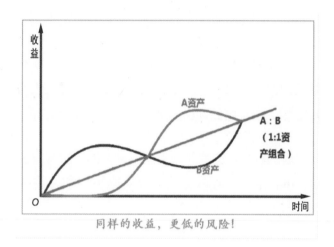

图 2-3　不同资产组合的风险与收益

图 2-3 是一种理想中的资产组合形态，它的本质就是将两个完全负相关（走
势、波动都是完全相反的）的资产（或由资产组成的产品）按照 1∶1 的比例
配比在一起，使其最终呈现出一条向右上方倾斜的直线。该资产组合从最终结
果来看，和单独投资 A 资产、单独投资 B 资产是殊途同归的，但是中间的过
程和经历的体验却完全不一样。

当然，实际投资环境中不同资产之间并不会呈现出如此完美的完全负相
关，但不同资产的组合依然能够实现收益率不显著下降、波动率大幅下降、整
体投资收益风险比显著提高的效果。

现在，我们再来看资产配置定义中的"资产类别"和"风险偏好"两个概念，它们的匹配结果才是得出适合我们的基础投资仓位究竟该是多少的关键。

给自己以及客户订立基础投资仓位的过程非常类似于老中医给"病人"开药方的过程。如果我们把自己当成一名老中医，要给前来咨询的患者提供一个有针对性的保养药方，那么应该提前做哪些方面什么储备？

第一，我们得知道，自己即将开出去的药方中药材的作用以及副作用；类比一下，也就是我们得知道，我们给客户配置的产品的收益率以及风险性（回撤情况）如何。

第二，我们得通过望、闻、问、切的方式，判断出这位患者究竟是什么症状以及症状所处的阶段；类比一下，也就是我们得知道客户对待风险的态度、客户的风险承受能力，以及由此判断出来的客户的风险偏好是怎样的。

第三，完成两者的匹配，也就是针对这位患者的情况开出最适合他的组合药方；类比一下，也就是完成资产以及由资产组成的产品与已经判断出风险偏好特征的客户之间的匹配。

下面，我们就来看看在这三个方面分别需要做哪些核心储备。

1. 大类资产类别、特性以及产品载体

我们不仅需要知道大类资产的类别，还要知道由这些大类资产组成的产品的特性。严格来说，就是在资产和产品之间，还有一个策略的概念，即同样都是股票类资产，但选择的策略不同可能就会构成完全不一样的产品。

比如，我们最司空见惯的主动管理的偏股型基金策略就是股票多头，过去几年持续火爆的"雪球"类产品的策略主要是交易股票的波动率，而量化对冲基金策略则主要是市场中性策略等。当然，针对绝大多数普通投资者的资产配置核心还是股票（权）类（简称股类）和债券（权）类（简称债类）资产。

因此，作为财富管理从业者的我们，最主要的就是要掌握股类和债类这两大类资产。

那么具体的股类资产和债类资产的特性各是什么呢？

这两类资产的特性，用第一性原理去解释，分别叫作"幂律分布"和"0-1风险"。

1）股类资产和股类产品

（1）股类资产——幂律分布

幂律分布也叫幂次法则，是由经济学家维尔弗雷多·帕累托在 1906 年提出的。他认为，在任何一组事物中，最重要的事物只占其中一小部分，约 20%，其余 80% 尽管是多数，却是次要的事物。所以幂律分布就是我们常说的"二八法则"或"长尾分布"。

这个世界上，除了幂律分布的规律，还有一个非常普遍的规律就是"正态分布"。正态分布又叫"中间极限定理"，是一种集中在均数的两边呈现倒钟型的分布，它和幂律分布的最大区别是其呈现的是中间群体大，两边群体都很小的形态。正态分布与幂律分布的区别如图 2-4 所示。

其实在现实生活中，自然的力量占据主导的数据多呈正态分布，比如身高、体重、智力、颜值等的分布。而社会的力量占据主导的数据则很可能呈现出强者恒强、弱者恒弱的幂律分布特点，比如各大城市的 GDP 分布、学区房房价分布等。当然，最为明显的还是财富的分布和聚集，如最有钱的那个人的财富可能要比几百上千万普通人口财富的总和还要多。在股票投资领域涉及人心、博弈、增长，即社会力量占据主导，因此其最终呈现出非常明显的幂律分布的特征。

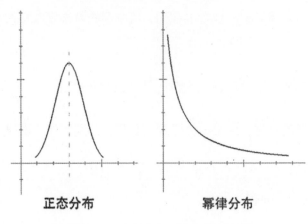

图 2-4　正态分布与幂律分布的区别

① 空间上的不均匀。美国 Arizona 州立大学的 Hendrik Bessembinder 教授于 2017 年做过一个研究，分析了 1926—2016 年，约 90 年来美国股市共 25332 家上市公司。结果发现，其中有 24240 家上市公司基本没有创造价值，它们占到了上市公司约 96%的比例。而表现最好的 1092 只股票，数量虽然只占总数的 4%，但却创造了所有的新增价值，其中最优秀的 90 只股票，占比只有 0.3%，却创造了当时整个美国股市二分之一的财富（如图 2-5 所示）。

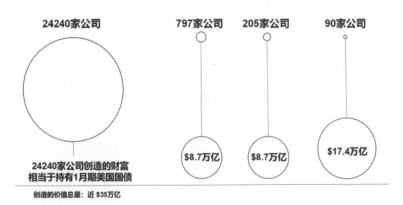

图 2-5　1926—2016 年美国上市公司创造的总财富

② 时间上的不均匀。传奇基金经理、麦哲伦基金的彼得·林奇之前做过这样一个统计，在 20 世纪 80 年代股市上涨的 5 年时间里，他的组合年化收益率是 26.3%，其中的大部分收益是在这 5 年的 1276 个交易日中的 40 个交易日里实现的，也就是真正有效的交易日只占总交易日的 3%。如果错过这 3%的交易日，其年化收益率就会从 26.3%下降到 4.3%。

类似的数据还有很多，比如美国标普 500 指数，从 2008 年 11 月到 2018 年 11 月，10 年时间 2517 个交易日，如果美国股民错过标普 500 指数这 10 年涨幅最大的 5 个交易日，涨幅就会下降三分之一，降至 130.26%；如果错过涨幅最大的 10 个交易日，涨幅就会下降一半多，降至 87.16%；如果错过涨幅最大的 20 个交易日，涨幅就会降至 31.15%。也就是说，0.8%的交易日贡献了 85%的收益，错过了这短短的 20 日，基本就错过了美国股市的 10 年"长牛"行情。

"从 1926 年到 1996 年，在这漫长的 70 年里，标普 500 所有的收益率几乎都是在表现最好的 60 个月内缔造的，这 60 个月只占了全部月数（862 个月）的 7%而已。由此我们知道了一个简单而珍贵的事实，就是如果我们错过了这些表现绝佳，但时间不算太长的 60 个月，那么我们就会错失掉 60 年的几乎所有的投资收益。"摘自《华特·米提的冒险》（*The Adventures of Walter Mitty*）。

当然中国也有相关数据，上证综指历时 13 年的数据统计，说明了市场中的收益都是在非常少的时间内获得的，这也是典型的幂律分布（如表 2-2 所示）。

之所以股类资产会呈现出这样的特性，是因为股票的核心是由两部分构成的，一部分是股权，另一部分是票证（如图 2-6 所示），即股票=股权+票证。其中股权的价值来源于企业经营所创造的价值，因此短期内其会受到企业经营和市场周期的影响，而比较优质的公司股权则会随着时间的推移变得更加值钱；票证代表该股票是有价证券，可以随时买卖和交易，交易的价格受每位市场参与者及最终呈现出的集体无意识所左右，从而加剧了股类资产的短期波动幅度且让其变得无法预知。

表 2-2　上证综指收益

投资上证综指指数的时间	收益率
坚持长期投资持有 13 年	9.56%
如果错过涨幅最大的 10 天	3.25%
如果错过涨幅最大的 20 天	−0.54%
如果错过涨幅最大的 30 天	−4.02%
如果错过涨幅最大的 40 天	−8.30%

数据来源：上证综指，1996.12.16—2009.12.31 共 13 年的数据，设涨跌幅限制。

股类资产的特性

"股权"的价值来源
企业经营创造的价值

影响因素
企业经营情况和市场周期

"票证"
有价证券，可随时买卖和交易，交易价格自在人心

影响因素
受每位市场参与者及最终的集体无意识左右，从而加剧了其短期的波动幅度并且让其变得无法预知

图 2-6　股类资产的特性

基于此，普通投资者参与股类资产的投资应该怎么去做？

萧楠在路演中讲到"当投资在空间（股票个数）上分布不均匀时，做投资就要尽量把所有的钱都放在那个 4%的篮子里，而不要放在其他的篮子里"。所以在投资时只要能找出这 4%的股票，集中持仓就是最优的选择。

在时间上，同样，只要我们能够做到精准择时，知道哪些月份乃至哪些天能够赚钱，注意买涨避跌，就能够最终获利。

如何找到那 4%的股票并精准择时呢？这其实是那些需要创造超额回报的

资管机构和优秀的基金经理们要努力做到的事情，普通的财富管理从业者和投资者很难做到。

正是因为我们了解了投资在空间和时间上呈现幂律分布规律，所以我们要做分散投资和长期投资。"分散"的目的是尽可能地找到那种可以把那 4%的股票囊括其中的基金产品，"长期"的目的是把为数有限的盈利的时间囊括其中。

当然，难免会因为"分散"，导致添加了那 4%股票以外的标的；同样，也会因为"长期"，把市场下跌的时间加入其中。

尽管如此，但这也的确是我们普通投资者在认识到市场的不可预知后敬畏市场、采取弱者思维后所给出的投资次优解。

面对市场的变幻莫测，我们要赚持久的钱，要把握不确定性中的确定性，因此"分散"和"长期"就是我们给出的"最好"答案。

在本小节中我们从股类资产特性和第一性原理出发，提前给出了"分散投资"和"长期投资"的原理。在后面，我们还会以均衡配置和长期投资的角度来对此原理做进一步探讨。

（2）股类产品——偏股型基金

了解了股类资产的特性，具体我们在投资时可以选择哪些股类产品呢？

其实我们既可以投资股类的底层资产本身——股票，也可以投资以股票为底层资产的各类产品，比如普惠金融、大众理财的股票型、混合偏股型公募基金，或者门槛更高的私募股票基金等。

但是在资本市场注册制已经全面落地的背景下，对于普通投资者来说，再选择直接下场博弈，将自己的大部分资金长期投资股票已不是明智的选择。为什么？原因很简单，因为股票"鱼龙混杂"，投资者对投资标的价值判断的难度越来越大，所以散户机构化（从自己买股票到投资资管机构的产品，让机构来买股票）必然成为一种趋势。

在前面的内容中我们提到还投资的"三闲状态"即闲钱、闲时和闲心。闲钱是区隔，并不是每一笔资金都能拿来投资，至少我们要把短期生活所需的钱和保险保障的钱安排好再来考虑投资的问题。闲心是管理，所谓"若无闲事挂心头，便是人间好时节"，大起大落的股类资产很难让人做到心如止水，想要拥有一颗"闲心"，最好的方式就是做好仓位管理。投资只是人的一生诸多所做事情中的一件，所以"闲时"源于一种"选择"，选择搭上中国这辆继续滚滚向前的高速列车，分享它持续增长的红利，选择"让专业的人干专业的事"，花很低的管理费让世界名校的毕业生苦熬多年之后为你打工。对于绝大多数普通投资者而言选择什么呢？符合大众理财和普惠金融的公募基金比较合适。

在做出适合的选择之后，我们就来看看偏股型基金的风险和收益的具体特征是什么。

下面我们来看几组数据。

① 所截取的偏股型基金的过往 16 年的历史年化收益率约为 17.04%。[①]

② 自开放式基金成立以来，截至 2021 年年末，偏股型基金平均年化收益率约为 16.60%，超过同期上证综指平均涨幅 10.19%。[②]

偏股型基金自 2022 年至今持续浮亏，2022 年浮亏 20.91%，2023 年浮亏 11.7%，截至 2024 年 6 月 30 日继续浮亏 5.33%。自开放式基金成立以来，偏股型基金的平均年化收益率为 12.1%左右。我们再来看看偏股型基金过往更多年份的平均年化收益率表现，以及为了获取这样的收益率，所需要承担的最大

---

① 数据来源：中国基金业协会。
② 数据来源：银河证券基金研究中心。

回撤情况又是怎样的，如图 2-7 所示。

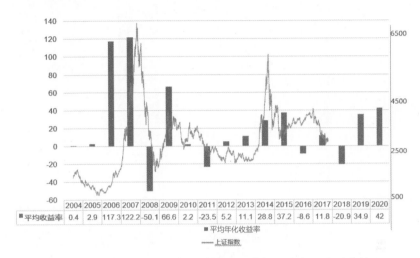

图 2-7　偏股型基金历年（2004—2020 年）平均年化收益率情况

　　由图 2-7 我们看到了 2004 年至 2020 年偏股型基金平均年化收益率情况。其中，2008 年、2011 年、2016 年、2018 年，行业平均年化收益率都是负的，2008 年达到了-50.1%，2011 年和 2018 年收益率也在-20%以上。其他年份均为正，并且 2006 年和 2007 年平均年化收益率均翻倍，2019 年和 2020 年平均年化收益率也在 30%以上。

　　而为了获取上述那样的平均年化收益率，每年需要承受的最大回撤（从高点下来的最大亏损幅度）又是多少呢？我们以-15%为基准线，统计自 2006 年至 2020 年的数据（见图 2-8）。可以看到，回撤小于-15%的年份只有 4 年（2006 年、2013 年、2017 年和 2019 年），剩下的 11 年回撤都超过了-15%，并且 2008 年和 2015 年年内最大回撤分别达到了-58.67%及-46.23%。

　　对于偏股型基金的年化收益率和历史回撤情况，财富管理行业从业者需要牢记于心，因为这是为客户计算其投资基本仓位的重要依据，所以要做好收藏备忘工作，并做到举一反三，遇到类似情况也要善于总结和记忆。

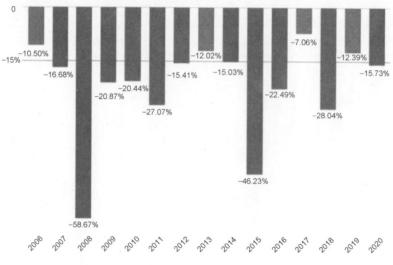

图 2-8 偏股型基金 2006—2020 年最大回撤情况

数据来源：Wind，统计区间：2006.1.1—2020.12.31。

说完了股类资产和股类产品（偏股型基金），接下来我们就说一说债类资产和债券（纯债）基金。

2）债类资产和债券基金

（1）债类资产——"0-1 风险"特性

前面提到了债类资产最显著的特性是"0-1 风险"，其实这说的主要是它的信用风险属性，当然除了此风险外，还有利率风险等，只是在当前净值化大背景下，信用风险属性更加值得我们关注。

要理解债类资产的特征，首当其冲的就是要了解它收益来源的本质是什么，答案是借贷关系（见图 2-9）。图 2-9 通过示例为我们很好地演示了债类资产的特征：企业经营一个项目，可能会获得 15% 的收益率，但是企业又没有那么多的资金来扩大再生产，于是它找到有钱的借款人（金融机构），以 10%的成本贷了款，约定到期后还本付息。当然金融机构的钱也不完全是它自己的，多数是投资者以存款的方式存到这里的。

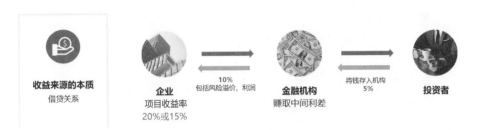

图 2-9 债类资产的特征

如果企业经营未达预期，到期之后还不起钱会有什么后果呢？可能贷款要被展期，同时由于企业经营越来越差，致使其破产，这笔贷款也就变成了一笔坏账。在 2018 年之前，投资者是感受不到这个过程的，因为不管他们购买的债类产品背后的资产有没有出现坏账，金融机构都进行了兜底，投资者都能拿到提前约定好的预期收益率。当然金融机构也不是救世主，在最初的年份，国家经济发展快速，那时候基本没有坏账，金融机构利用信息差将资产简单打包后就能轻松赚利差，我将其称为金融机构的"薅羊毛"时代（见图 2-10）。而此阶段，给投资者进行刚性兑付，对金融机构来说是完全没问题的。后来，经济发展慢慢降速，各行业的企业坏账率有所抬升，但即便如此，整体资产的收益率也依然可以超过给投资者的预期收益率，我将此阶段称为金融机构的"收益、风险的转移支付"时代。而此时，金融机构仍能做到勉强为投资者进行刚性兑付。

之后，随着经济发展的进一步降速，资产的坏账率进一步抬高，此时对于金融机构来说，其收益已无法覆盖成本，如果继续给投资者刚性兑付，那么无疑会增大金融风险。如果持续下去的话，就会有爆发金融危机的危险，这种现象肯定不是监管机构希望看到的。于是在 2018 年 4 月 27 日，相关部门便出台了《关于规范金融机构资产管理业务的指导意见》（又称资管新规），要求银行等金融机构理财产品要"破刚兑，防嵌套，禁资金池，收通道，限非标"，让投资市场"卖者有责，买者自负"。

图 2-10 "薅羊毛"时代

这个规定的出台，对金融机构来说真的是"及时雨"，令他们彻底松了口气，因为只有打破刚兑，释放风险，才能降低他们的风险，避免金融危机的发生（见图 2-11）。

图 2-11 打破刚兑

讲到这里，大家明白了债类资产"0-1 风险"的特性了吧，就是要么没有风险，要么有 100%的风险。其实资产的"0-1 风险"特性一直存在，只是在 2018 年之前，大家感受不强烈而已。在 2018 年之后，特别是 2021 年 12 月 31 日之后，资管新规的过渡期正式结束，由债类资产特性带来的债类产品同样存在非常明显的"0-1 风险"特性。

前面我们所说的债类资产都是以贷款为例来说明的，其实债类资产有两种，一种是非标准债权资产（简称"非标"），就是贷款、委托贷款等，另一种是由大公司或政府平台发行的标准化的债券。公募债券基金、银行理财产品等，平常所说的投资债类资产，主要是指后者。标准债券资产与非标准债权资产相比，可能对于发行主体的资质、质量要求更高，其他的除了发行价格有些优势之外，本质并没有跳脱出借贷关系的范畴，所以依然同样存在"0-1风险"特性，特别是最近几年频发的一些大公司的债券违约事件，包括城投债的展期及违约等，都让我们对此类风险有了进一步的警醒。

标准债券资产相较于非标准债权资产还有一个显著的优势，就是它可以在二级交易的场所进行买卖，比如银行间债券交易市场或交易所债券交易市场等，因为可以买卖，所以市场利率的波动就成了交易价格的一个非常重要的影响因子，从而出现了债类资产的第二个风险影响因素——利率风险。

（2）债券基金——波动小，收益低

短期纯债基金和长期纯债基金自 2010 年开始均实现了每一自然年度正收益的结果，且从 2014 年到 2023 年，短期纯债基金的平均收益率录得 3.53%，长期纯债基金的平均收益率录得 4.93%（见表 2-3）。

表 2-3 各类债券基金过往平均收益率

年份	短期纯债（%）	长期纯债（%）	一级债基（%）	二级债基（%）	偏债混合（%）
2023	3.3	3.6	3.5	0.6	-1.0
2022	2.1	2.2	-0.8	-5.1	-3.8
2021	3.3	4.1	7.5	7.5	5.6
2020	2.4	2.8	4.4	9.1	13.2
2019	3.5	4.3	6.4	10.2	11.0
2018	5.1	5.9	4.7	-0.3	0.2
2017	3.2	2.1	0.9	2.3	4.2
2016	1.1	1.6	0.9	-2.2	0.2
2015	5.2	10.1	10.2	12.5	18.3
2014	6.1	12.6	16.8	27.0	2.9
2013	3.5	0.9	1.0	0.4	4.2

续表

年份	短期纯债（%）	长期纯债（%）	一级债基（%）	二级债基（%）	偏债混合（%）
2012	5.5	5.0	7.8	6.7	-3.6
2011	1.7	2.3	-2.6	-3.9	1.4
2010	1.7	3.5	8.0	6.5	19.6

数据来源：Wind，截至时间：2023.12.30。

如表 2-4 所示，而从回撤角度看，从 2015 年至 2023 年，短债基金、长债基金、一级债基和二级债基对应的基金指数历年来最大回撤分别是-1.71%、-2.09%、-3.89%和-9.66%，其中短债基金的波动最小。

同样是 Wind 数据统计，如果将短债基金和长债基金看作一个整体，那么这些债券类基金从 2005 年 1 月 1 日至 2020 年 5 月 30 日的平均年化收益率为4.05%，最大回撤幅度为-4.25%。

表 2-4　各类债券基金过往最大回撤

年份	短债基金（%）	长债基金（%）	一级债基（%）	二级债基（%）
2023	-0.22	-0.38	-1.06	-3.72
2022	-0.67	-1.20	-2.51	-5.97
2021	-0.26	-0.34	-1.41	-3.33
2020	-1.01	-1.76	-2.34	-3.95
2019	-0.32	-0.45	-1.29	-3.19
2018	-1.28	-0.65	-1.30	-3.93
2017	-1.30	-0.84	-1.46	-2.13
2016	-1.71	-2.09	-2.81	-3.87
2015	-1.22	-0.96	-3.89	-9.66

数据来源：Wind，截至时间：2023.12.30

了解了过往债券基金的收益风险特征，展望未来，随着信用违约风险的增加，债券基金的收益风险特征是否会发生较大变化，是值得我们警惕和进一步探讨的。我个人的观点是，因为债券基金主要是投资债券组合，单个债券的占比往往并不高，加之行业投资的都是标准债权资产，而不是非标准债权资产，所以行业整体暴雷的风险不高，如果投资一些中长期业绩稳定，且整体固定收益类产品管理规模比较大的公司的产品或者行业偏债 FOF 持仓较高的产品，中期来看，信用风险整体还比较可控。

至此，在给投资者个性化投资仓位建议的储备上，大类资产类别、特性以及产品收益风险特征就分享完了，接下来我们进入第二方面的储备，即把握投资者的风险偏好。

2. 把握投资者的风险偏好

关于投资者的风险偏好，在行业里存在很多似是而非、似懂非懂的概念。比如，我们经常会说，在行情启动时，投资者都愿意买入，且有时表现得近乎疯狂；但在行情低迷时，投资者又变得谨小慎微，甚至都不愿意关注市场了，更别提继续投资了。所以，我们说，投资者的风险偏好是会在短时间里根据外界环境发生剧烈变化的。

但真的是这样吗？

当然不是的。如果是这样的话，我们又怎么能够按照大类资产的特性以及投资者的风险偏好来对投资者进行风险匹配，为其完成资金配置呢？

之所以会那么认为，是因为我们没有真正区分那三个容易混淆的概念，即风险态度、风险承受能力以及风险偏好。

1）风险态度

风险态度是指人对风险所采取的态度。这非常接近我们平时描述的风险偏好的概念，但实际上，风险态度和财富管理（资产配置）中所提到的投资者的风险偏好并不完全一致。关于这一点我们在下面讲风险偏好时会进行重点解释和说明。

风险态度受投资者自身的先天因素、环境变化以及认知水平的共同影响。

① 先天因素：是指不同人对待风险的态度先天就不同，有的人可能喜欢大得大失的刺激，而有的人则可能更愿意求稳。

② 环境变化：就像前面所说的，人们在面临市场涨跌时，态度是完全不同的。在市场上涨时，人们可能感知到风险在下降；当市场下跌时，人们可能又感知到风险在上升。

③ 认知水平：当市场上涨时，人们感知到的风险在下降，但实际上市场集聚的真实风险在上升；当市场下跌时，人们感知到的风险在上升，但实际上市场的真实风险在下降。随着人们对风险的认知水平的提高，对风险的理解的改变，比如会认知到所感知到的风险其实并不是真实的风险，从而改变对待风险的态度。

根据投资者对风险态度的不同，可以将投资者的风险态度分为风险回避、风险追求和风险中立三种。

① 风险回避：风险回避者通常偏好选择具有低风险的产品。

② 风险追求：与风险回避者恰恰相反，风险追求者通常主动追求风险，喜欢收益的起伏胜于喜欢收益的稳定。

③ 风险中立：风险中立者通常既不回避风险，也不主动追求风险。他们选择产品的标准是预期收益的大小，而不管风险状况如何。

不同的投资者风险态度虽然分为三种，但同一个投资者对待风险的态度也可能会在不同时期呈现出与上述完全不同的三种状态，这是我们要知道的。

2）风险承受能力

风险承受能力是投资者理性决策后愿意承受的最大波动能力，这里的"理性决策"意在说明风险承受能力不会受短期情绪的干扰发生偏移。投资者的风险承受能力主要与其年龄、投资经验、学历、收入及财务收支情况、投资规划等因素有关。这些因素基本上都是确定的，所以短期内投资者的风险承受能力不会改变；而如果是长期投资，则随着以上种种影响因素的变化，投资者的风险承受能力就会发生很大变化。

一般情况下，我们会将投资者的风险承受能力分成 5 个等级，比如分别用A1、A2、A3、A4、A5 来代表，中文一般用保守型、稳健型、平衡型、成长型和进取型来表示。

3）风险偏好

实际上，风险偏好可以说是风险承受能力和风险态度折中的产物，也就是"应该"和"实际"折中的产物。

其中"应该"指的是，我们希望可以按照一个人的风险承受能力来为其进行资金分配，但是我们可以想象一下这样一个投资者画像，"一个高级知识分子，年龄在 30 岁左右，学习能力很强，之前总是习惯将钱存入银行"，按照风险承受能力来看，这个投资者的风险承受能力应该是很高的，那是不是就可以直接建议其将大部分资金都放到偏股型基金里呢？如果真的这样做了，那么他是否真的能够在市场中经历跌宕，获取偏股型基金的回报呢？从我们的实际工作经验可以得出结论，多半他会在市场下跌时，因受不了波动所造成的内心煎熬而选择提前"下车"。

所有的投资者都要经历感受波动、理解波动、适应波动和喜欢波动的完整过程。从实际看，只有经历了这一整个波动过程，投资者才能真正走向成熟，在此之前，"应该"和"实际"中间有一条巨大的鸿沟。

"实际"指的是每一位普通投资者在面对风险时的态度，那么我们能够直接按照这个态度来给投资者提供资金配置的建议吗？显然更不可以。简单一点说，如果一切都是在投资者想买时就让他多买一些，不想买时就不让他买，那要我们理财经理、投资顾问干什么呢？如果只是一味地迎合，不去引导投资者成长和提高，那么我们既无法发挥出我们的专业价值，同时也会让投资者在中长期必然性地走向持续浮亏的结局。

所以，财富管理中的风险偏好是一个既需要考虑专业引导，又需要考虑对每位投资者进行个性化关怀的概念，这个概念本身就是科学与艺术的结合体，只是在实际工作中我们不好度量。

想要有效度量投资者实际的风险偏好情况，就要先分别度量出投资者的风险承受能力和风险态度水平，再基于风险偏好、风险态度水平和风险承受能力的关系来确定其实际的风险偏好。

（1）风险承受能力的度量。

前面讲到影响一个投资者风险承受能力的指标有：年龄、收入（可支配）、学习能力（学历）、投资经验等，而这其中年龄往往是影响最大的一个指标，因为"年轻无极限""一切皆有可能"，年轻时即便亏损很大，但因为未来还有无限可能，加之可能本金不多，所以也可以将亏损当成花钱交学费、买教训，后面再从头来过就好了。可见对投资者的风险承受力影响最大的是年龄。可支配收入，是指收入减去必要的支出后所剩下的钱。可支配收入也是比较重要的，其权重仅次于年龄。

下面给出三个度量投资者风险承受能力的量表供大家参考（见表 2-5、

表 2-6、表 2-7 ），A 表得分加 B 表得分等于 C 表得分，最终风险承受能力请对照 C 表得分进行查看。

表 2-5 风险承受能力量表 A

年龄	25	26	27	28	29	30	31	32	33	34
分数	50	49	48	47	46	45	44	43	42	41
年龄	35	36	37	38	39	40	41	42	43	44
分数	40	39	38	37	36	35	34	33	32	31
年龄	45	46	47	48	49	50	51	52	53	54
分数	30	29	28	27	26	25	24	23	22	21
年龄	55	56	57	58	59	60	61	62	63	64
分数	20	19	18	17	16	15	14	13	12	11
年龄	65	66	67	68	69	70	71	72	73	74
分数	10	9	8	7	6	5	4	3	2	1

25 岁以下 50 分　　　75 岁以上 0 分

表 2-6 风险承受能力量表 B

各情况	分数				
	10 分	8 分	6 分	4 分	2 分
收入情况	较高收入	一般收入	提成收入	做小生意	退休或下岗
经济负担	无负担	双薪无子	双薪有子	单薪有子	单薪养三代
置产情况	投资房产	自宅无贷	按揭<50%	按揭>50%	租屋
投资经验	10 年以上	6～10 年	2～5 年	1 年以内	无
学习能力/投资知识	科班出身/系统学习并输出	本科及以上科班出身/系统学习	本科及以上/系统学习过投资课程	高中/学习过一些财商课程	高中及以下/无

表 2-7   风险承受能力量表 C

分数	20分以下	20~39分	40~59分	60~79分	80分以上
风险承受能力/类型	低承受能力/保守型	中低承受能力/稳健型	中承受能力/平衡型	中高承受能力/成长型	高承受能力/进取型
股类资产投资仓位	10%~20%	20%~30%	30%~50%	50%~60%	60%~70%

（2）风险态度水平的度量。

前面提到，风险态度水平主要受先天因素、环境变化以及认知水平影响，其中先天因素和环境变化主要通过影响投资者的情绪来影响投资者对待风险的态度，所以更进一步我们可以将投资者风险态度总结成投资者对待风险的认知水平和情绪水平两部分。

同样的，我们给出一个投资者风险态度测评，测量表由风险认知类问题和风险情绪类问题两部分组成。

投资者风险态度测评

对待下面的观点，你在多大程度上表示同意？请用1~5分打分，1分表示不认同，5分表示完全认同。

A. 风险认知类问题

a. 在考虑卖出一只基金产品时，我的买入价格是我卖出之前考虑的一个重要因素（测量锚定偏差）。

b. 在关注一只基金的表现时，我更看重它最近的表现，而不是其历史表现（测量近因偏差）。

c. 在决定要买一只基金产品时，我总是关注投资中的积极方面，而不关心可能出现的问题，或者在决定不买一只产品时，我总是关注问题，而不关心投资中的积极方面（测量认知失调偏差）。

d. 我常常发现我的很多成功都源于我自己的决策，而那些没有成功的投资都是在别人的指导下进行的（测量自我归因偏差）。

e. 我认为最重要的是结果，比如投资是否真的赚到了钱，我并不关心是否遵循了规范的计划（测量结果偏差）。

f. 短期（一年内）收益远超市场平均收益水平，你会非常亢奋，想着赚到钱了（测量真实风险感知）

g. 我可以接受投资预期年化收益率只有5%～7%，但绝不能接受亏损（测量真实风险感知）。

B. 风险情绪类问题

a. 买基金亏1万元给我带来的痛苦，至少需要2万元的收益带来的喜悦才能弥补和填充（测量损失厌恶）。

b. 我也会考虑是否要调整一下已有的投资（组合），我会花时间考虑各种选择，但结果一般几乎没有改变，有时甚至完全不变（测量现状偏差）。

c. 过去买基金遭受过损失，这会让我在现有的投资决策中变得更加胆小（测量后悔厌恶偏差）。

d. 我都看明白的一些趋势和方向，基金经理却看不见，我有时候觉得自己比基金经理厉害（测量过度自信偏差）。

e. 和朋友打麻将已经输了这次提前约定好的500元筹码，但我还想赢回来，于是我会继续拿出500元来翻本（测量风险感知）。

除了以上问题，你方便说一下你的家庭可以用来做投资的资金大概在哪个区间吗？

A. 几万元　　B. 几十万元　　C. 几百万元　　D. 几千万元及以上

风险认知类问题，得分在7～35分，以21分为界限。7～21分为风险认知水平较高的投资者，越靠近7分，风险认知水平越高；22～35分则为风险认知水平较低的投资者，越靠近35分，风险认知水平越低。除了总分，每一道专项题都可以进行一一分析。

风险情绪类问题，得分在5～25分，以15分为界限，5～15分为风险情绪水平较低的投资者，越靠近 5 分，风险情绪水平越低；16～25 分为风险情绪水平较高的投资者，越靠近 25 分，风险情绪水平越高。

注：投资者在风险认知和风险情绪上的偏差，均会影响他的投资持有体验度和满意度。在售后中，针对风险认知类问题我们更多采取引导和教育的方式来寻求改变，但针对风险情绪类问题我们则需要采取适应和助推的方式来调整。另外，针对资金量在几万到几十万元的投资者，我们更多采取引导和教育的方式来改变；资金量在几百万到几千万元的投资者，我们采取适应和助推的方式来调整（见图 2-12）。

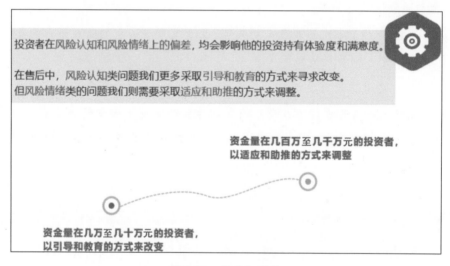

图 2-12 偏差与调整

根据以上风险态度水平的测评，我们了解到：风险认知水平越高，且风险情绪水平越低（情绪管控水平越高）的投资者，其风险偏好越接近自己的风险承受能力；风险认知水平越低，且风险情绪水平越高（情绪管控水平越低）的投资者，其风险偏好越远离自己的风险承受能力。

在确定了风险承受能力后，再根据不同的风险承受能力对应的配置仓位的建议，来最终确定适合单个投资者的基础投资仓位。

　　不知道大家发现没有，我们在讲"风险偏好"及对应的投资仓位时，中间花了很多篇幅讲了很多概念，但最终得出的依然只是模糊的概念。

　　原因只有一个，就是这些概念背后涉及的内容，才是我们进行投资者教育的本质。

　　我们平时提的投资者教育，更多落脚在了投资教育上，也就是想办法提高投资者的投资认知水平。我们试图通过提高投资者的认知水平，来改变他们对待风险的态度，从而让其越来越接近自己本身的风险承受能力，以最终实现按照其理性的对风险的可承受能力进行资金安排的目标。

　　但实际上，我们所说的投资者教育不应该仅仅只有投资教育，投资者教育和投资教育中间还有个"者"，这个"者"就是投资背后的"人"。而关注"人"更多的是关注"人的情绪"对投资的影响，提高"人"的情绪管控水平。只有投资者认知水平高，同时情绪管控水平也高，才有可能实现按照投资者风险承受能力进行资金安排的目标，并且这种投资仓位的安排也才可以更持久地进行下去。

3. 完成大类资产及产品和客户风险偏好之间的匹配

　　是不是完成客户基础仓位的配置只有一种方法？当然不是。接下来，我就和大家分享一个实操起来更加简单，同时也已将前面所讲的有关基础仓位配置的内容全部涵盖其中的一种方法。

　　这种方法就是"五步 KYC（Know Your Customer，了解你的客户）法"。

　　KYC 第一步：问客户：你想要的投资预期收益率（每年）是多少？你能承担的最大亏损幅度是多少？（注意：这两个问题一定要在对方心平气和，既不亢奋也不焦虑的状态下提问）

　　KYC 第二步：识别认知偏差并传递投资中最重要的资产特性常识。

　　往往在第一步的问题给出答案后，隐藏在投资背后的问题就出现了，通常客户说出的预期收益率会很高，而愿意承担的最大亏损幅度却相对很低。这个时候，就需要传递投资中最重要的资产特性常识（即过往的股、债究竟能赚多少钱，历史上的回撤情况是怎样的），这样做的最大好处是提前给客户打预防针，让客户在未来面对实际投资过程中市场的起伏波动时可以做好相应的心理准备，也让客户明白市场当下的波动并未跳脱出历史的范畴，一切尽在"掌握"中。

最重要的资产特性的常识性知识主要包括以下三个维度。

（1）收益性。偏股型基金过往 16 年的历史年化收益率约为 17.04%（数据来源：中国基金业协会 2021 年）；普通债券类基金过往 16 年的历史年化收益率约为 4.05%（数据来源：Wind，2005—2021 年）。

（2）风险性。偏股型基金的平均回撤幅度为-50%～-20%，而普通债券型基金的平均回撤幅度为-4.25%～-0.08%。

（3）非线性。收益的呈现永远不是线性的，比如 20%的时间获取 80%的收益，4%的股票带来全部的市场增长。

KYC 第三步：尝试修正偏差，征求客户意见。

既然客户的认知出现了偏差，那么根据已经向客户传递的资产特性，可以给客户提出两种行之有效的方案：一是在愿意承受的最大亏损不变的情况下，降低自己的收益预期；二是在收益预期不变的情况下，提高自己愿意承受亏损的最大幅度。

KYC 第四步：问客户更多有关风险态度中情绪水平的问题，来判断我们是否要采纳客户的意见。

根据客户的回答，来判断客户的情绪水平。如果客户是一个情绪水平较低（情绪管控水平较高）的人，那么不管客户选择第三步中的方案一还是方案二，都可以倾向于采纳和接受客户的意见，并且如果客户选择的是方案一，那么在后续投资过程中，就可以尽快地推荐其向方案二转变。

如果客户是一个情绪水平较高（情绪管控水平较低）的人，那么不管客户选择第三步中的方案一还是方案二，都倾向于建议客户选择方案一，并在后续投资过程中，较为缓慢地推荐其向方案二转变。

KYC 第五步：有了针对性的建议之后，计算适合该客户的定制化的投资仓位。

比如客户之前想要的预期收益率是 15%，而能承受的最大亏损幅度只有 5%。如果按照预期收益率不变，依然是 15%=［17.04%×x+4.05%×（1-x）］的情况，那么客户要投向偏股型基金的比例大概是 85%，投向债券基金的比例大概是 15%。如果真的是这样的比例，那么需要承受的最大亏损幅度就要达到 -45%～-9%（在基础投资仓位时，尽量保持冗余，所以可以用对应的最大值作为需要承受的最大亏损幅度）。

如果按照能够承受的亏损幅度只有 5%来反推，该客户能够投向偏股型基金的比例就该在 2%～13%这一区间，而投向债券基金的比例就在 87%～98%区间，这样整体预期收益率就在 4.3%～5.7%区间（见表 2-8 和表 2-9）。

表 2-8 家庭资产配置预期收益率表

输入	预期收益率（年化）	15.00%
得出结果	债券占比	0.1570
	股票占比	0.84296
回撤情况	低估	-9.10%
	中性	-17.53%
	高估	-44.50%
最大回撤	-44.50%	

注：预期收益率范围：4.05%≤预期收益率≤17.04%，原因如下。

1. 偏股型基金过往 16 年的历史年化收益率在 17.04%（数据来源：中国基金业协会，2021.3.3）

2. 债券类基金过往 16 年的历史年化收益率在 4.05%（数据来源：Wind，统计区间：2005.1.1—2020.5.30）

表 2-9　家庭资产配置能承受最大回撤表

输入	能承受最大回撤（每年）		−5.00%		
取值	回撤分类讨论		债券配置比例	股票配置比例	预期收益率
	低估	−10%≤能承受最大回撤<0	0.8696	0.1304	5.7%
	中性	−20%≤能承受最大回撤<0	0.9524	0.0476	4.7%
	高估	−52%≤能承受最大回撤<0	0.9843	0.0157	4.3%

注：偏股型基金各年度最大回撤幅度在−58.67%～−7.06%，平均回撤在−52%～−10%

其中在低估区域：偏股型基金最大回撤在−12.39%～−7.06%，平均回撤约为−10%

在中间区域：偏股型基金最大回撤在−28.04%～−15.03%，平均回撤为约为−20%

在高估区域：偏股型基金最大回撤在−58.67%～−46.23%，平均回撤约为−52%

数据来源：Wind，统计区间：2006.1.1—2020.12.31

注：上述为我们自己设计的一键式家庭资产配置预期收益率和最大回撤匹配表，有需要的朋友可以直接联系我们获取。

到此步，适合客户的基础投资仓位已经明了了，下面拓展四步，将有助我们更完整地分享财富管理端资产配置实操流程。

KYC 第六步：了解投资者家庭资产分布、金融产品占比、已有金融产品持仓情况。

KYC 第七步：健诊并给出增量资金下一步的配置建议。

KYC 第八步：根据市场最新情况，给出前期方案是否需要做微调的结论。

KYC 第九步：最简单但有效的方法——动态再平衡。

至此，关于仓位管理的第二层要件，如适合每一位投资者的基础仓位究竟是多少，怎么测算等内容已经和大家分享完了，希望对大家能够有所启发和帮助。接下来，我们进入仓位管理的第三层要件——调整。

（三）第三层要件——调整

在面临市场上涨或下跌时，我们究竟该如何对自己或客户的投资仓位进行调整呢？

判断到底该不该超配或减配某类资产、某种产品，当然不能仅依赖于"别人都买了，所以我也要买"这种基于"社会认同"的心理，更不能迷信权威，如"因为某某专家的发言和号召，所以我要买"等，而是需要有一套适合自己的、非常笃定且不易被证伪的投资逻辑。

在财富管理的资产配置方法论中，关于择时和超低配，以及具体该配置何种资产，有两个截然不同的逻辑：一是在战略资产配置中的战略择时（周期与战略择时）；二是在战术资产配置中的趋势择时（情绪与战术择时）。在进行仓位调整时，我们既可以按照"周期与战略择时"的方式进行，也可以按照"情绪与战术择时"的方式进行，甚至可以将两者结合运用。只是，在我们的框架和逻辑中，更可靠且被推崇和建议的是"周期与战略择时"，原因在于以下3点。

1. 一个框架

首先，问大家一个问题：你平时是习惯在市场下跌时加仓还是在市场上涨时加仓？

在现实中，一定既有在市场下跌时加仓的，也有在市场上涨时加仓的。

市场下跌时，有通常意义上的买入理由，如摊低成本；市场上涨时，似乎也有买入理由，如趋势跟随。但问题来了，这两个操作背后的逻辑一样吗？当然不一样。

在市场下跌时买入，甚至是判断市场超跌后买入并打算长期持有的，其逻辑是价值投资（周期）和战略择时，是买便宜的好东西。

在市场上涨时，觉得走势明朗，后续可能继续上涨，于是买入，其逻辑是趋势投资（情绪）和交易投机（战术择时），是参与中短期市场，与市场博弈，赚取市场波动的钱。

可见，这两个操作的逻辑并不相同。

但无论是运用这两种操作逻辑中的哪一种，都有人能够真正赚到钱，只是赚钱的难易程度不同而已。

面对两个截然不同又都能赚到钱的操作逻辑，你要问自己的是，你想在这个市场中赚什么钱，以及你能在这个市场中赚到什么钱。

关于上述问题，我们在模块一已经重点阐述了，这里再简单说一下。

趋势投资和交易投机需要我们时时小心、处处在意，提前分析出自己所处的经济周期、资金边际和市场情绪。这种投资相当于让我们具备预测"未来"的远见，并且要在投资这场无限的游戏当中保持对多错少，这实际上只有极少数人能够做到。

而价值投资和战略择时则只需要我们买"便宜的好东西"和"把握模糊的正确"，判断大的周期中价格和价值的关系是否相差甚远（现在的估值/价格高低是否远大于/远小于现在的价值）。这种投资分析的是当下，难度相对较小，大多数人通过学习都能够掌握。

这就是我所说的框架，你一定要一开始就明确，你想在这个市场中赚什么钱，以及你能在这个市场中赚到什么钱。有了这个框架，在面临市场涨跌、短期波动时，我们也就有了给出一切操作建议的根本逻辑。

我们的建议是什么？不管是财富管理行业从业者还是普通投资者，我们的建议都是一致的，即建议大家遵循价值投资的投资理念，这与财富管理行业的性质和财富管理行业从业者及投资者要实现的投资目标是一致的。

所以，再回到财富管理端资产配置方法论的流程图（见图 2-2），一切也就非常清晰了，即仓位管理的第三层要件，基于市场变化对投资仓位的调整，既可以按照"周期与战略择时"的逻辑来开展，也可以按照"情绪与战术择时"的逻辑来进行。而由于"情绪与战术择时"的实施难度更大，因此如果真的想要使用，也要将仓位调整限制在一定的范围之内，一般上下幅度不超过 20%，最好应尽量控制在 10% 及以内。

至此，"一个框架"的内容就介绍完了。最后我还想分享一点个人感受，在实际操作中，我曾尝试运用"情绪与战术择时"的逻辑进行操作，但始终未能获得太多确切的可供复制的结果。经历过几次这种情况后，就渐渐放弃了这个投资逻辑，转而基于"弱者思维"体系和十六字箴言的行为规范方法来指导自己的投资方法，它能让我始终进退有据、内心有底，并且在过往几年的投资中也获得了确切并可复制的结果，希望大家可以去尝试。

2. 三把量尺

巴菲特告诉我们，"宁要模糊的正确，不要精确的错误"。意思是说，对于很多问题，我们并不需要掌握得那么精准，方向正确更关键。但是，"歧路亡羊"的故事，相信大家也听过，说的就是养的羊丢了，在找羊的过程中却发现岔路特别多，哪条路是正确的并不容易判断，给找羊带来了很大阻碍；在投资中同样存在着很多"岔路"，因此我们需要三把量尺帮助我们判断方向。

（1）量尺 1：情绪指标。

比如，大家现在常提到的北向资金的净流入数据、新发基金的募集数据、50 ETF 期权波动率、创新高个股数量占比、沪深 300 股指期货升贴水数据、短期股债回报差数据、融资买入比例等，都是一些反映市场情绪的指标。

很多机构会将上述指标中的全部或部分进行分权重加总，设计出更加具象化的反映市场短期情绪的指标，如图 2-21 所示的恐惧贪婪指数。

那么，具体的恐惧贪婪指数怎么使用呢？因为它更多地反映短期市场情绪，因此无论是正向顺趋势操作，还是逆向而动，好像都能找到可以遵循的规律。但不管是正向还是逆向操作，都可能存在过度和频繁的变化问题。比如，我们可以看到图 2-13 中的数据，一个月前的数值还是"34"（中立），一周前就变成了"1"（极度恐惧），变化过于频繁。

图 2-13　恐惧贪婪指数

由此可见，情绪指标总会存在短期内被滥用的问题，于短期操作或许有利，但如果我们更关注长期投资，那么上述情绪指标就只是起到感知市场情绪的作用，而无须按照这些指标来操作。至于这些情绪指标在具体操作中的作用和价值，我们会在讲完三把量尺之后给出答案。

（2）量尺 2：市盈率（PE）、市净率（PB）。

指数当前的市盈率、市净率（绝对值）及其所处的相对位置（市盈率、市净率的历史百分位数）等指标其实是大家用得更普遍、更具有参考性的指标，指数指标如图 2-14 所示。

宽基指数	行业指数	全球指数	策略指数
代表性强	低估值	盈利能力强	⑤ 筛选
全部类型 ∨	涨跌幅 ⬍ 近3年 ∨	估值分位 ⬍ 越低越好 ⓘ	盈利能力 ⬍ 越强越好 ⓘ
上证380 1B0009.SH 中盘	−20.92%	7.81% 低	9.59% 较强
中证200 000904.CSI 中盘	−31.11%	10.86% 低	8.98% 适中
深证成指 2A01.SZ 综合	−41.02%	15.38% 低	8.85% 适中
深创100 399088.SZ	−41.44%	7.26% 低	13.33% 强
深证100R 399004.SZ	−41.47%	13.94% 低	11.12% 强
中小100 399005.SZ 中盘	−42.24%	14.51% 低	9.93% 适中
深证300 399007.SZ 综合	−42.85%	9.91% 低	9.58% 适中

图 2-14　指数指标

如果各平台的指数市盈率的历史百分位数的数据存在差异，则主要原因是指数开始时的年份选取的不一样，图 2-14 中的统计时长是过往 7 年，有的可能是过往 5 年或过往 10 年的百分位数，统计时长不同，历史百分位数也就不同。

一些影响力较大的自媒体会将这个指标的指引作用做得更加简单化，比如将指数的市盈率、市净率等估值数据对应成相应的 1～5 星的不同星级，其中 1

星级和 2 星级对应市场极度高估阶段，主要是牛市的中后期；3 星级对应市场整体估值在正常水平的阶段；4 星级对应大盘相对低迷阶段；5 星级对应市场最便宜的阶段，但也出现得最少，一般 5 年才会遇到一次。

需要注意的是，在使用市盈率和市净率指标时，一定不要忘记先判断指数本身是否已经发生重大变化，比如，指数的编制方法或指数所涵盖的行业类型等是否发生重大变化。指数的重大变化会令不同行业市场给予的估值高低本身存在巨大差异，从而导致指标失真，参考性大打折扣，甚至会对市场形成误导。

（3）量尺 3：股债投资性价比。

股债投资性价比指标又被称为 FED 溢价指标，它是用指数市盈率的倒数与十年期国债收益率的差或比来评估目前股市投资的性价比高低程度的。这个模型最初由美国联邦储备系统（Federal Reserve System）提出，也叫作 FED 模型或股债风险溢价模型。

同样，我们可以看到已经计算出来的非常具象的指标数据，以及对应的指标在过往 10 年间的百分位数。如果按照差值数据来看，目前（见图 2-15）万得全 A 处于过去 10 年高位，只有 2.89% 的时间比现在便宜；如果按照比值数据来看，目前万得全 A 处于过去 10 年高位，只有 0.08% 的时间比现在便宜，说明目前股市性价比高。

三把量尺都介绍完了，基于"周期和战略择时"的原则，我们在日常操作中究竟应该如何运用这三把量尺来指导自己的操作呢？我给大家的建议是，先用量尺 3 来决定是否要超配或标配、低配某类资产；再用量尺 2 参考究竟是购买/卖出哪类产品，是偏向价值型的还是偏向成长型的，抑或是偏向哪个行业的产品等；最后再用量尺 1 给出交易时机的参考。

情绪指标本身并不决定我们是否要买或者卖，决定买和卖的更多是后两把量尺，即市盈率、市净率和股债投资性价比，它们起到的作用是对买或卖的时机和节奏提供参考。比如，如果短期情绪比较恐慌，而在已经决定要买的情况下，我们建仓/加仓的速度可以快一些；如果此时短期情绪还比较中立甚至贪婪，那么在已经决定要买的情况下，我们建仓/加仓的速度就要慢一些。

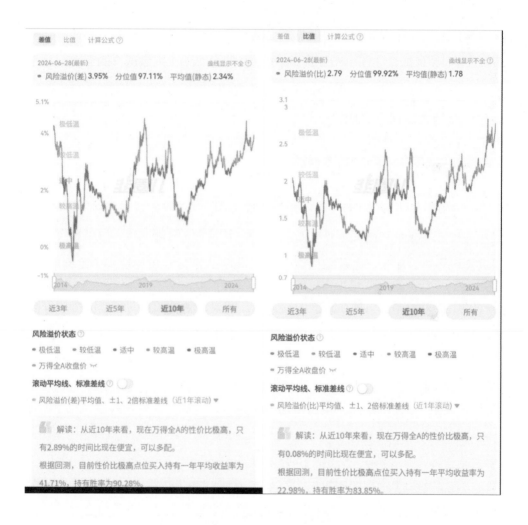

图 2-15　FED 溢价指标

具体的买和卖的节奏，除了定性上的快或慢的说法外，还有没有更加有指导性的定量建议？也是有的。以加仓为例，不管是较快的加仓还是较慢的加仓，都不是一次性就把自己要投的资产全部买入，比如，可以参照"较快"是第一次投入 50% 的仓位，"较慢"是第一次投入"30%"的仓位，然后根据市场后续的节奏来进行进一步操作，若市场下跌，就根据下跌的幅度和深度继续加仓，下跌幅度越大，加仓幅度应越快。

具体而言，可以将自己可继续加仓的权益资产分成 30～50 份，在市场每下跌 1% 时，就加仓 1 份，市场下跌 2%，就加仓 2 份。按照这样的节奏，是不是市场下跌 50%，可用于加仓的仓位才能全部加完？如果是这样，加仓策略会不会显得太过保守了呢？

其实并不是，原因有以下两点。

（1）市场并非直线下跌。市场都是会反复的，在下跌的过程中可能会震荡，甚至会上涨，涨了之后又下跌。如果在每次市场下跌时都加仓，且市场真的给机会震荡下行，那么在上证综指 2000 多点时，大部分仓位也能几乎全部加完。

（2）要采用"正三角"式的加仓方式。如果将当前加仓时市场的继续深跌看作中长期的投资机会，那么当上证综指下跌到 3200 点时，每下跌 1%，我们不再只投资 1 份，而是将投资增加到 2 份；当上证综指下跌到 3000 点时，每下跌 1%，则投资 3 份，即市场跌幅越大，加仓速度越快。在市场相对低点投资金额越多，而在市场相对高点投资金额越少，这种投资方式就是"正三角"式的加仓方式（见图 2-16）。

当有了这些量尺和使用量尺的方法后，在我们已经做好了前期的仓位管理和标配产品配置的情况下，我们的操作空间就相对有限了。简而言之，市场很多时候都处于"垃圾时间"，只有真正进入极值状态时，才是我们所说的"操作时间"。这样来看，至少在投资仓位的维度上，一两年内可能并不需要操作几次。而如果有闲置资金进入，则按照标配的比例进一步买入即可。

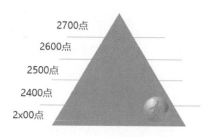

投资的绝对收益=所投本金×绝对收益率

图 2-16 "正三角"式加仓

3. 调整空间

上面说了超低配方向的问题,但是对于战略择时可以调整的最大加减仓比例,即调整空间,却没有说明。在过去很长一段时间,我认为战略择时的空间和规则应是"上下不超过 20%"。但随着实践的进一步拓展,我也越来越感到了此空间背后的局限性。比如,如果遇到一些极端行情,市场持续下跌,估值达到历史极低区间,或市场持续上涨,估值达到历史极高区间,此时对于标配为 50%甚至 60%投资股票市场的投资者而言,"上下不超过 20%"的加减仓空间,不管是逆势加仓还是顺势减仓,都会受到很大制约,对于最终收益产生极其不利的影响。

所以,这样的限定(上下不超过 20%),只适合于"战术择时",并不适合于基于大周期的"战略择时",那么"战略择时"是否就没有加减仓的限制了?显然也不是,在财富管理中,资产配置方法论的仓位管理的第一层要件中就着重强调了"永远不满仓,永远不空仓"的弱者思维的重要理念。

所以,"战略择时"也是有空间和规则限制的,这个限制不再是"不超过可投资金的 20%",而是变为只要加减仓"不让投资账户整体浮亏超过 20%"即可。如何理解"不超过可投资金的 20%"和"不让投资账户整体浮亏超过20%"这两者的区别?其实,两者最大的区别是后者相较前者,加减仓的空间更大。而且，后者要求我们对于"资产的特性和过往在不同市场环境下的具体表现"有一个更加具体的认识。比如，在高估区间、中估区间及低估区间，对不同资产，特别是偏股型产品的最大回撤以及收益率情况要有清晰的了解。有了这个了解之后，我们就知道，在低估区间，偏股型基金的最大回撤大约为10%。例如，在2024年，上证综指从3000点继续下跌，其极限可能在2700点左右。如此，我们就会发现，在市场遇到极端行情时，我们可以在控制好节奏的情况下最大化或最小化偏股型产品的投资仓位。

为何将空间限定在投资账户整体浮亏不超过20%，而不是其他比例呢？这主要是基于我们对"保护好投资本金"和由此产生的"复利叠加效果"的理解。

（1）保护好投资本金。巴菲特提出的投资铁律是，投资当中最重要的事情有两条，第一条是保护好自己的本金，第二条则是记住第一条。所以，在投资中保护好自己的本金是很重要的。但请记住，这里的保护好自己的本金并不是要我们时刻保本，如果按照这种方式做投资，只会让收益与我们渐行渐远。我所理解的保护好自己的本金其实是有效控制回撤的思维和对其所做出的准备。那么，合适的回撤幅度是多少呢？对于大多数投资者而言，在任何极端情况下，都不要让自己的可投资本金下跌20%及以上。只要在20%及以内，都属于我们所说的保护好自己的本金。因为如果回撤20%，反弹25%就能回本，而如果回撤30%，则需要反弹40%~50%才能回本。在A股市场上，一个中期行情25%的反弹时有发生，而40%~50%的反弹已经不能叫作反弹，而应叫作反转了，这样的机会可能几年才会出现一次。

（2）复利叠加效果。长期收益率的取得主要受三大因素的共同影响，分别是本金、年化收益率、时间，长期账户增长＝本金×（1+年化收益率）^{时间}，而控制跌幅会影响本金和年化收益率两个指标，所以非常重要。要知道如果下跌50%，则需要反弹翻倍才能回本。

但反过来，即便在A股市场，以深证综指为例，如果自2003年起，每次在熊市最低点你都能把浮亏控制在 20%以内，即在你加仓或买入之后，市场仍然平均下跌了 20%，那么即便在牛市期间，你不幸距离最高点 40%的位置就早早清仓了，也仍然能够获得大约 11 倍的收益率。

所以，战略择时方法中的将账户最大回撤空间控制到 20%及以内是一个既保护好了本金安全也兼顾了账户进取性的做法。到这里，我们就将仓位管理的内容全部讲完了，作为十六字箴言的第一项内容，我们花费了较多的篇幅，因为它确实是重中之重，后面的内容要相对简练些，接下来我们就进入十六字箴言的第二项内容——均衡配置。

三、均衡配置

所谓的均衡配置，就是将市场中各类风格的产品均纳入考虑范围，并完成适当比例的分配。当然，在确定风格产品的具体配置时，肯定要选择个人投资风格鲜明且总业绩持续优异的基金经理。

所以，要实现均衡配置，首先要了解究竟有哪些市场风格，然后得出在市场中运作的产品有哪些风格，最后得出基金经理的风格特点，进而完成配置。

（一）市场风格

市场风格的分类方法多样，但其中比较常用的方法，是从上市公司的市值和价值成长两个维度进行分类。市值维度，大家应该比较熟悉，有大盘股、中盘股和小盘股；价值成长维度，就是价值股和成长股。

将两个维度合在一起，就形成了大盘价值、大盘成长、中盘价值、中盘成长、小盘价值、小盘成长 6 种市场风格（见图 2-17）。

图 2-17　市场风格

　　但是，问题也来了，具体多大市值算大盘？多大市值算中盘和小盘？什么样的股票叫作价值股？什么样的股票叫作成长股？

　　因为后面的内容我们还要用到这些概念，如果一开始就对这些底层的概念似是而非、似懂非懂，那么难免对后面内容的掌握产生影响，所以有必要在这里进行说明。

1. 大盘股、中盘股、小盘股

　　其实，有关大盘股、中盘股和小盘股的界定并没有与时俱进的说法。如果大家去搜索引擎搜索，搜出来的答案可能会让你大吃一惊，比如大盘股指的是几十亿元及以上市值的股票，小盘股可能指的是几亿元到十几亿元市值的股票等，而在某基金招募书中对于大盘股的定义是"总市值不低于 15 亿元"（见图 2-18）。

　　显然，这样的界定已经无法满足当前市场的发展需要，更不要说未来市场的情况了。

　　由于没有准确的划分标准，因此大盘股、中盘股、小盘股的分界线比较模糊，其中，中盘股和小盘股的分界线尤为模糊。在这里，我们也不能强行给出一个确切的定义。不过，按照当前 A 股 5000 多只股票的市值分布情况，将市值几百亿元乃至千亿元以上的股票界定为大盘股，将市值小几百亿元的股票界定为中盘股,将市值百亿元以内的股票界定为小盘股,似乎更加合理。

九、基金的投资

(一)投资目标

追求基金资产的长期增值。

(二)投资范围

限于具有良好流动性的金融工具,包括国内依法公开发行上市的股票、债券、权证、资产支持证券及中国证监会允许基金投资的其他金融工具。

(三)投资风格

本基金属于大盘股票基金,基金股票资产的80%以上投资于大型上市公司发行的股票。其中,大型上市公司是指总市值不低于15亿元。基金因所持有股票价格的变化而导致大盘股投资比例低于上述规定的不在限制之内,但基金管理人应在合理期限内进行调整,最长不超过6个月。未来,随股票市场发展和个股市值差异的变化,基金管理人可在保持大盘风格的前提下适当调整大盘股定义标准,并及时公告。

(四)投资理念

精选在各行业中具有领先地位的大型上市公司,通过对其股票的投资,分享公司持续高增长所带来的盈利,实现基金资产的长期增值。

1、大型上市公司可充分分享我国经济高增长的果实,实现公司业绩的持续高增长。

图 2-18 基金招募书

我们再来看常用的各类指数以及其市值风格。比如,上证 50 指数,根据其市值分布可以判断它是典型的大盘指数(见图 2-19)。

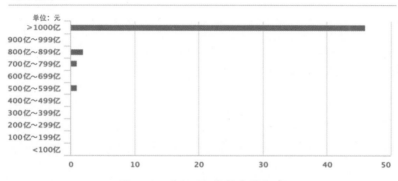

图 2-19 上证 50 指数市值分布

沪深 300 指数其实也是偏大盘的，如图 2-20 所示。

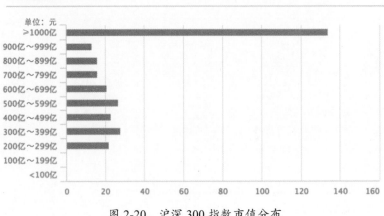

图 2-20　沪深 300 指数市值分布

中证 500 指数就是中盘指数了，如图 2-21 所示。

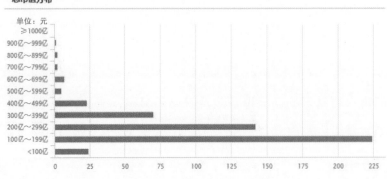

图 2-21　中证 500 指数市值分布

中证 1000 指数的大部分成分股都是百亿元以下市值，可以代表小盘股，如图 2-22 所示。

国证 2000 指数的成分股市值更小，如图 2-23 所示。

总市值分布

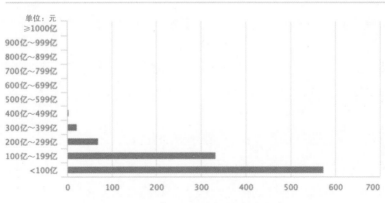

图 2-22　中证 1000 指数市值分布

总市值分布

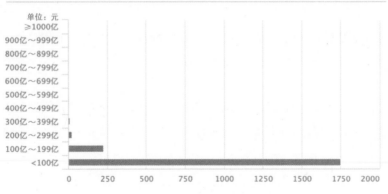

图 2-23　国证 2000 指数市值分布

当然，中盘指数和小盘指数常被统称为中小盘指数。此外，创业板指数也常和中小盘指数放在一起，合称为中小创指数。

到这里，总结一下，我们常见的大盘指数主要有沪深 300、上证 50、上证 180、上证红利、中证红利、基本面 50 等；常见的中小创指数主要有中证 500、中证 700、中证 1000、上证 380、创业板指、深证基本面 60、深证基本面 120 等。

2. 价值股和成长股

什么是价值股和成长股呢？从定义上看，其实也非常直白。

所谓价值股，即指相对于其当前业绩收益而言，股价被低估的一类股票。这类股票通常具有低市盈率与市净率、高股息的特征。

而所谓的成长股往往并不具有特定的权利内容，它更多体现了人们对某些公司所发行股票的一种主观评价。有着"成长股投资之父"之称的菲利普·费雪，在他的经典著作《怎样选择成长股》中，将其投资精髓概括为："以不太贵的价格购买能持续快速增长的公司，长期持有，享受公司年复一年盈利增长带来的超额收益。"这样来看，成长股可以理解为那些处于飞速发展阶段并能持续快速增长的公司的股票。当然，一旦市场预期某只股票未来会持续增长，其当下的价格往往就不会便宜，市盈率和市净率就不会处于低位，所以成长股也就呈现出了和价值股完全不一样的特点。

其实，反映市场风格的指数有已经编制的巨潮系列指数，只是其在编制规则和覆盖面上并没有做到有充分的代表性，所以在业内使用的并不算多，跟踪它们的指数基金也非常有限。然而，作为对市场风格进行大致判断的参考依据还是可以的。因此，大家可以在自己常用的股票咨询软件中将这几个指数加入自选，包括：小盘价值指数（代码：399377）、小盘成长指数（代码：399376）、中盘价值指数（代码：399375）、中盘成长指数（代码：399374）、大盘价值指数（代码：399373）、大盘成长指数（代码：399372）。

（二）基金投资风格和基金经理风格

1. 基金投资风格

基金的投资风格和市场投资风格略有不同，基金的投资风格是看不同风格的个股在基金持仓中的占比情况。如果大盘价值股占比较高，那么它就会被贴上大盘价值型基金的标签；如果大盘成长股占比较高，那么它就会被贴上大盘成长基金的标签；如果大盘成长股和大盘价值股配置相对比较均衡，那么它就会被贴上大盘平衡型基金的标签。

所以，基金的投资风格标签比我们前面提到的股票市场风格划分多出了 3 种，一共有 9 种不同的投资风格，分别是大盘价值型、大盘成长型、大盘平衡型、中盘价值型、中盘成长型、中盘平衡型、小盘价值型、小盘成长型和小盘平衡型（见图 2-24）。

	价值	平衡	成长
大盘	大盘价值	大盘平衡	大盘成长
中盘	中盘价值	中盘平衡	中盘成长
小盘	小盘价值	小盘平衡	小盘成长

图 2-24 基金风格

这也是 DBRS 晨星等评级机构在评定一只基金产品的投资风格中常用的九宫格法。

公募基金的一个显著优势在于其信息的透明度。公募基金会在半年报和年报中公布整体持仓情况，而在 1 季报和 3 季报中，也会公布自己的十大重仓股。根据这些持仓信息，一些基金评估公司就会为其赋予相应的投资风格标签。

所以，当一只基金中短期业绩表现不佳时，我们一定要辩证地看待这个问题。其实基金表现不好，主要有 3 个方面的原因：一是基金经理的投资能力有待提升；二是因为 A 股市场的系统性风险，导致了绝大多数偏股型基金集体下跌；三是基金的投资风格与市场风格不符。

在这 3 个原因中，对我们情绪影响最小的是第一种，因为投资者在选择基金时，通常会避免选择那些从未有过突出表现且持续排名靠后的基金，即便选择了也很容易将其淘汰出局。第二种原因，通过前面我们重点学习的仓位管理方法，可以在很大程度上降低影响，并且在市场整体表现不佳时，大家的情绪反应都差不多，因此反而对我们情绪的影响没有那么大。在基金投资过程中，对我们情绪影响最大的其实是第三种原因，也就是基金的投资风格与市场风格不符，这往往是导致他人基金上涨，而你持有的基金大幅下跌的主要原因，即便这只基金是你精挑细选后认为不错的投资标的。

但是，一只基金的持股情况，还有它的仓位配置结构，通常体现了基金经理的投资理念、投研方式和交易策略。而这些也是基金经理投资风格的重要组成部分，是其在长期的投资实践中积累形成的。因此，越是成熟的基金经理，他的投资风格也就越固化，当然这种固化不是一成不变的，也可能会在不断的迭代过程中持续优化。

所以，在基金投资的过程中，对于过往绩效指标表现比较优秀的基金，我们一定要保持关注。但同时也要注意到，当市场风格偏向于其他风格的基金的时候，那些过往绩效指标较优秀的基金可能会表现不佳。那么，我们究竟应该在这些基金表现不佳时选择放弃，还是坚守不弃？这是一个需要重点思考的问题，你的答案又会是什么呢？

2. 基金经理风格

关于基金投资风格，我们划分了 9 种风格，实际上，这只是从基金持有的股票类型来划分的。除了股票类型外，还有基金的换手率情况、仓位配置结构等方面无一不体现了基金经理的投资理念、投研方式以及交易策略的不同。实际上，基金经理持有某些股票，可能正是因为他们对这些股票研究得足够深，持有得比较久，让它们从最开始的小盘股逐渐成长为中盘股乃至最后成长为大盘股。所以，市场上完全以大盘股、中盘股、小盘股作为自己选股策略的基金经理并不多，更多的是基金经理从小盘股时就开始持有，直至其成长为大盘股，就成了我们所看到的持有大盘股的结果，而并不是一开始就选择大盘股。比如，林园从 2003 年就开始大量买入贵州茅台股票，当时贵州茅台的市值只有几十亿元，而如今贵州茅台已经是 A 股中股价最贵的股票之一，他依然还在继续持有，我们不能说林园一开始选择的就是大盘股。

基于此，我们回归到本源，去挖掘更多基金经理选择股票的逻辑，在这里，我们将基金经理的投资风格划分为 5 种类型，包括价值风格、成长风格、价值成长风格、均衡风格以及行业趋势/交易型风格。当然，除了这 5 种类型外，常见的比如中小盘风格、行业赛道风格，包括近些年随着港股通的开通和基金产品投资范围的扩大，甚至也将投资港股单独当成一种"港股风格"。另外，"趋势风格"中有种特别的存在，那就是基于模型和市场异动因子进行自动化选股的"量化风格"，如果把这些都加上，那么也同样是 9 种风格，而我们这里还是重点讲解前 5 种更加主流和重要的投资风格（见图 2-25）。

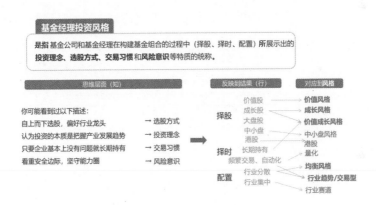

图 2-25 基金经理投资风格

这些风格都可以从"究竟要在市场中赚什么钱"这一逻辑进行拆解。市场中究竟有哪些钱可以被我们赚取？从根本上看，主要有两类钱：一类是市场增长的钱；另一类是市场参与者的钱，也就是别人口袋里的钱。市场增长的钱并不是一蹴而就的，中间会经历周期；因为市场参与者人心难测，无形中加剧了市场的波动，所以赚取别人口袋里的钱恰恰就是从波动中盈利。

价值风格和成长风格其实都是在赚取市场增长的钱，只是它们在赚取时依托的价值支撑来源不同。高毅资本 CEO 邱国鹭在其著作《投资中最简单的事》

中将价值风格表述为 $P_n \ll V_n < V_f$，把成长风格表述为 $P_n < V_n \ll V_f$。其中，P_n 是股票今天的价格，V_n 是公司现在的价值，V_f 是公司未来的价值，"$\ll$" 表示"远小于"。价值风格和成长风格殊途同归，都是希望现在以 5 角钱的价格购买未来价值 1 元钱的企业（$P_n < V_f$）。而价值成长风格（也被称为质量风格）与均衡风格就是前面价值风格和成长风格的混合，只是一个更加强调标的本身，一个更加强调行业分散罢了。

行业趋势/交易型和量化风格，则是更好地把握拐点，适当或高频地交易，赚取周期及波动的收益，当然在开始进行行业遴选时，也会赚到市场增长的钱。

接下来，我们分别将行业中 5 种主流投资风格的代表性基金经理及其代表基金（仅基于数据截止时间前的信息分析，不代表对基金进行背书和推荐）罗列出来，大家也可以据此看一看不同投资风格基金的数据特征（见图 2-26）。

各风格优秀基金数据对比

基金风格	价值风格	成长风格	价值成长	均衡风格	行业趋势
基金经理	曹名长	黄兴亮	张坤	谢治宇	李晓星
代表基金	中欧价值发现	万家行业优选	易方达优质精选	兴全合润	银华盛世精选
累计收益率(近5年)	64.70%	164.52%	143.65%	127.82%	160.75%
年化收益率(近5年)	10.49%	21.48%	19.50%	17.90%	21.13%
最大回撤(近5年)	-25.94%	-31.66%	-45.72%	-30.94%	-34.32%
波动率(近5年)	19.18%	25.05%	24.08%	20.84%	24.20%
PE	11	73	24	28	41
ROE	12.34%	10.47%	17.62%	15.25%	26.21%

数据截止：2022.3.25

"最大回撤"最低
"波动率"最低
"估值PE"最低 - 通常PE低于15

长期收益相对较低，
但是确定性和稳定性更高，
持仓体验最好！

"长期收益"名列前茅
"ROE"很高
"最大回撤"最高

长期收益相对较高，
但是短期波动和回撤都不低！

"中长期收益"不低
"最大回撤、波动率"都控制得比较低

在权益类基金中，性价比最高：
风险严格控制的前提下，能做到更高的收益。
—— 最适合做底仓基金。

"长期收益"名列前茅
"PE估值"最高
"最大回撤"不低

长期收益相对较高，
但是短期波动和回撤都不低！

"中长期收益"高
"最大回撤、波动率"都控制得还行

中短期的持仓体验中等，
大概率好于成长风格
与价值成长风格基金。

图 2-26　5 种主流投资风格的基金的数据特征

（三）产品配置的原则

有了前面知识的铺垫，我们就可以真正落脚到产品均衡配置的实际操作了。一般地，在了解所配置产品的风格后，是否意味着均衡配置就是将客户的可投资资金在这些不同风格的产品中均匀分配呢？其实并不完全是，均衡配置确实是要将资金在这些产品中进行分散化配置，但具体不同类型产品配置的比例需要根据客户的风险偏好类型进行适度调配。

简单理解，结合前面仓位管理的第二层要件中提到的客户风险偏好的概念，如果客户风险偏好偏低（风险认知水平低，风险情绪管控水平也低），其配置的产品在偏股型基金中应该更加偏向于价值风格型的产品，即在均分的基础上，向价值风格型产品倾斜；如果客户风险偏好偏高（风险认知水平高，风险情绪管控水平也高），则其配置的产品在偏股型基金中可以更加偏向于成长风格型的产品，即在均分基础上，向成长风格型产品倾斜。这样安排的核心逻辑是，不同风格产品的波动程度不同，均衡配置也要基于客户的特点以及产品的特质进行适当的匹配。

当然，在考虑偏股型基金的均衡配置的个性化适配特点之前，我们还需要注意在产品配置的过程中的一些基本原则（见图 2-27）。这些基本原则在产品配置过程中必须得到认真贯彻和执行。

图 2-27　产品配置过程中的基本原则

1. 多元化原则

多元化原则，即产品配置在常规情况下需要包括四大类资产（现金管理类、股票类、债券类，以及另类资产）所形成的多元配置，其中另类资产产品（如黄金、油气、股权，甚至衍生品等）需要保持一定的比例。只有这样，才能够使组合产品底层资产的相关性降低，组合的效果才能更好。一般来说，另类资产产品所需要的期限更长，长尾客户与中产阶层客户因资金量相对有限，传统类资产（如股票类、债券类和现金管理类）在一定程度上已经可以满足这些客户降低资产相关性和获取收益的需求，所以对另类资产配置并不做严格限制和要求，即便配置，也往往会远低于高净值客户的配置比例。

2. 分散化原则

分散化该原则指的是已经明确了投资者的战略与战术配置比例之后，在具体的细项资产中，产品配置要遵循分散化原则。这一原则要求，单一产品的投资不应该超过客户在某一资产类别中可投资金的 50%。

举例说明：如果客户有 300 万元可投资金，风险偏好为进取型，即投资权益类资产的比例可以达到 70%，相当于 210 万元。此时，210 万元的 50% 即 105 万元，也就是说，原则上客户购买单一产品的最大金额不能超过 105 万元，如果可以更少则更好。对于平衡型、稳健型或保守型客户，投资单一产品的最大金额会大幅下降。因此，对于绝大多数客户（即使可投资资金在数百万元）而言，百万元起点的私募产品依然不适合其配置和购买，所以公募基金可能是绝大多数客户的标配，加之公募基金具有透明度高，标准化资产童叟无欺、底层资产丰富、产品品种丰富等优点，也能够满足绝大多数客户的配置需求。

3. 动态性原则

和战略资产配置中基础仓位在短时间内不会发生很大变化不同，产品选入后并不是买定离手、不能卖出或转换了。定期的检视或岁末年初的动态再平衡，都是检验产品配置是否合理的机会。此时并不是决定加仓或减仓，而是考虑是否继续保留该产品。产品的选择是一个动态过程，我们需要有敢于认错的态度。当选择某些产品时，我们是有理由的，一旦这些理由已不存在或判断失误，就要在检视阶段采取行动。

　　具体如何检视呢？总结为十六字策略：股债搭配、分散投资、优选补入、末位淘汰。

　　（1）看股债搭配是否合理。看股债搭配是否合理的基本准则是，股债基础比例是否与客户风险偏好匹配。不应只投资股票类资产而不投资债券类资产，或反之，即不应满仓权益基金，或全部为理财产品或债券基金，这些都是极端且不正确的做法。

　　（2）看股类是否主动型、被动型都涵盖。看股票类资产是否包含了主动管理型基金和被动管理型基金。在散户机构化的浪潮中，优秀的主动管理型基金大幅跑赢指数，并获得超额收益的现象可能还会长期存在。但即便如此，也不能忽视被动管理型基金的配置价值。恰恰相反，被动管理型基金具有费用低廉、足够分散、能够长期充分反映经济增长等众多优点，所以，依然值得部分配置。[①]

　　（3）看主动权益风格是否包括了价值风格和成长风格。主动管理型基金的投资需要既投资价值风格，也投资成长风格，并按照客户风险偏好进行适度倾斜，而不是均分，如此方能确保即便市场风格偏向一边，也不会导致满仓踏空风险的出现。

　　（4）看是否有配置部分核心主题或板块产品。在进行有效的配置之后，可以满足一些个性化的需求。部分市场热点或是自己、客户研究和关注特别多的领域可以进入我们投资的视线，经过深度跟踪和分析后进行部分仓位的投资。

　　（5）对这些产品的短期、中期、长期表现进行观察，如果持续表现垫底，就可以卖出了。如果中期、长期表现优异，短期表现较差，则可以适当加仓。如果中期、长期表现较差，短期表现突出，则可以保留观察。永远记住，不要

[①] 2024年迎来了被动管理型基金规模首度超越主动管理型基金的历史时刻，同样，在2024年9月24日行情启动之后，主动管理型基金的表现也普遍弱于被动管理型基金，但道理是相通的，主动管理型基金在以中国为代表的新兴市场中的优势已经值得持续关注，即不能据此就抛弃主动管理型基金。

以人性使然的操作方法将赚钱的产品频繁卖掉，而把亏钱的产品一直保留（行为金融学将其称为处置效应）。因为人性会指引我们亏钱的不能卖，一旦卖了浮亏就变成了真亏，但这就如同我们持续开除表现优秀的员工，而给表现不佳的员工持续提供机会一样荒谬。

另外，当产品的基金经理发生更换或基金经理投资风格严重漂移，管理规模远超其管理半径，或者基金公司股东/管理层发生重大变更时，都需要格外警惕，因为这就意味着前期购买该产品的逻辑已发生重大变化，这时往往需要考虑卖出，不再持有。

以上 5 步中，如果在检视过程中发现对应的步骤存在问题，就要优选缺失的那部分产品进行适当补入。而最后一步，将垫底的产品直接卖掉，为新入产品提供了空间。

以上 5 步完整地体现了产品配置动态化原则的十六字策略——股债搭配、分散投资、优选补入、末位淘汰。

至此，关于产品均衡配置的内容就讲完了，其和仓位管理一样，都属于事前应对的措施，接下来我们要介绍的长期投资和动态平衡，则都属于投资完成后的应对方法。

四、长期投资

关于财富管理，听得最多的就是长期投资。但关于长期投资，一直存在着"两种派系"。

"一辈子太久，只争朝夕""亏了就说要长期投资，涨了怎么就开始喊卖了再买其他基金了""长期投资就是拿时间换空间，把现在的问题拖延到未来的借口"。

"投资就是找到很厚的雪和很长的坡,然后将雪在长坡上慢慢滚成大雪球,即通过长期投资带来复利效应,最终享受时间的玫瑰""时间是一剂良药,足以抚平一切波动,最终达到收益的彼岸""长期投资就是大道至简,是一条很多人知道但却很少有人做到的投资捷径"。

究竟孰是孰非,孰对孰错?你的答案又是什么?

其实,之所以会起争执,是因为两派所秉持的并非同一种思维。

就像在牛市后期,你建议客户购买基金,理由是,市场趋势已经形成,一个月就是××收益,投资就是跟着趋势走,谁买谁知道,这讲的是一套趋势投资的逻辑。

而在熊市相对低点时,你建议客户购买基金,又会说投资就是买到便宜的好东西,现在的市场就是捡便宜的好东西的时刻,假以时日便可低买高卖,投资就是跟着价值走,这讲的是一套价值投资的逻辑。

似乎都有道理,其实并不完全正确。对于大多数投资者而言,趋势投资往往很容易变成追涨杀跌,变成"倒金字塔式"加仓,所以我们说,无论是从业者还是投资者,财富管理强调的底层逻辑都是价值投资。价值投资和基于价值投资的财富管理端资产配置方法论,才是我们面对市场涨跌、回归初心时,所提供的最终操作指引。

依据价值投资逻辑,我们提出了这么几个犀利的问题,"长期投资真的有效吗?长期投资会不会也赚不到钱呢?""长期投资就是一辈子吗?投资多长时间算长期?""长期了,还能买卖吗?"这些似是而非、似懂非懂的问题既涉及理念,又涉及实操,是我们本部分重点介绍的内容。

（一）长期投资真的有效吗

马克思政治经济学告诉我们，价值决定价格，价格围绕价值上下波动。

同样，在股市中，股票的价值决定了股票的价格，股票的价格会围绕股票的价值上下波动。时间越短，这种非均衡（非一致性）可能就越明显；时间越长，非均衡就越倾向于走向均衡。

打个比方，我们经常会说市场像狗，价值像人，在狗和人之间有一条狗绳，狗围绕着人上下乱窜、来回疯跑，但因为有绳子的存在，狗跑累了终会回到人的身边。这也就是巴菲特的老师格雷厄姆所说的，"股票市场短期是投票器，长期是称重机"。所以，长期投资的有效性其实对应的是短期投资的不可预测性，短期市场有可能无法有效反映价值，比如，基金经理选择的投资标的本身很优质，很有效，但短期就是不涨，甚至还下跌很多，这种情况是存在的。那么遇到这种情况该怎么办呢？要靠时间来拟合价值，实现均值回归。这个时间需要多久？不知道，可能是几个月，也可能是一两年，甚至可能会更长。那怎么办？我们只能做好等和熬的长期准备，等到价格能够反映价值时，我们还在场。

这和我们前面讲的股类资产的收益在时间和空间上分布极其不均匀所带来的次优选择是一致的，即与为了将上涨的时间都囊括其中而要进行长期投资的逻辑是一样的。

还是那句话，"当闪电劈下来时，你得在场"。

（二）长期投资有效，是否存在前提

其实这个问题，我们要分别从宏观和微观两个角度来阐述。

（1）时间，在什么情况下才会成为投资的朋友，而非敌人？

（2）所购买的基金多年没赚钱，我们需要的是主动的长期投资还是非被动的长期持有？

我们先来回答第（1）个问题。

这个问题的答案是，时间只有在存在价值的前提下，才会成为投资的朋友，而非敌人。也就是说，长期投资能赚钱是存在条件的，这个条件就是——存在价值。

价值陷阱、价值幻灭、没有价值或价值严重透支，都会使长期投资没有意义。将股票市场当作赌场的人，认为股票市场只是零和博弈的人，都是不承认股票市场长期价值的。

而我们判断股票市场是否存在长期价值的核心，也必须从虚拟经济回归到实体经济。股票的背后都是实实在在的各行各业的佼佼者，股票就像一个国家最先进生产力的代表。

于是"股票市场是否存在长期价值"这个问题就演变成"一个国家的经济是否会持续发展"的问题。

巴菲特的投资生涯，正好赶上了美国自"二战"以来最波澜壮阔的大发展阶段，所以才有了"股神"的称号和价值投资的广泛传播。

而日本的股市趋势，也与其国家的命运紧密相连，自1991年"广场协议"后，日本的经济发展便陷入停滞，进入"失去的30年"。在这30年里，日本的经济几乎零增长，直到现在30多年过去了，才缓慢有所回升，而其股市也同样开始了慢慢爬坡之路，逐渐反弹回归到原来的位置。可以说，日本股市的30年是一个典型的用时间换空间的历程。

所以，对待未来，我们需要坚定信念。历史不会简单地重复，但会押着相同的韵脚。因为在人均GDP突破1万美元之后，人们的需要和对应的国家发展模式都会发生重大转变，最核心的转变是迈克尔·波特在《国家竞争优势》一书中所说的从劳动力驱动、投资驱动到创新驱动的转变。创新驱动是无法靠间接融资来完成的，只能依靠风险共担、收益共享的直接融资方式来推动，而这无疑说的就是运用资本市场。

在《中华人民共和国国民经济和社会发展第十四个五年规划和 2035 年远景目标纲要》中，我们对 2035 年要完成的阶段性目标已经提出了具体的要求，各个地方的分解目标在经济维度上均是 2035 年经济总量或人均 GDP 均要比 2020 年翻一番。15 年翻一番，用 72 法则简单测算，大概年均增长目标就在"4.5%～5%"区间。

这就是 15 年的发展目标，前面几年高于 5%，后面几年缓慢降低，整体保持在 4.5%～5%区间。我们国家的这种特殊的制度安排，使得发展资本市场的信号非常明显，相当于明确告诉大家，只要经济在增长，长期投资就存在价值。

现在我们来回答第（2）个问题。

我经常会在金融机构线下培训时被问到这样的问题，"客户 2007 年买的产品，到现在已经很多年了，算长期了吧，但并不赚钱，因此怎么能说长期能赚钱呢？"

上述是不是一个长期投资的反例呢？其实，上面的案例并不是长期投资本身出现了问题，而是结合前面分析到的长期投资有效的前提——存在价值，其持有的时点已经明显价值透支了，所以我们需要的是主动选择的长期，而非被动持有的长期。

所谓的被动持有的长期，往往出现在一买进去就亏损惨重的场景中。这时并非财富管理从业者让不让客户卖掉亏损产品的问题，而是客户受处置效应（投资者总是倾向于卖掉赚钱的产品，而保留亏钱的产品，一直到产品扭亏为盈才会重新处置它）影响不愿意将浮亏变成真亏，于是，就犹犹豫豫地一直持有了好多年。比如，如果你是 2015 年 4 月至 6 月购买的基金，到现在已经过去了很多年，部分产品表现估计也不尽如人意。而在那个时点，买了这些产品并坚持拿到现在的"长期"持有者，很难说他们是长期创造价值理念的拥护者，他们更像是受处置效应影响不愿将产品卖出由浮亏变真亏的普通投资者。可以说，他们用自己的亲身经历告诉自己，长期投资不行。

那什么是主动选择的长期？所谓主动选择的长期就是在买入产品的那一刻，就已经抱定了一个要在相当长的时间里坚定持有的打算，因为在买入的短期内可能并不存在任何能够赚钱的迹象。这样的时刻，往往是市场整体比较低迷、估值也很低、短期赚钱效应很差的时候。

提到这种时刻，就不得不提 2014 年由东方红（基金公司）联合招商银行（代销机构）发行的东方红睿丰了。这是一只新式的封闭式基金。在此之前，国内公募基金行业发行的产品都是有 10～20 年封闭期的基金（可以在场内交易），自 2001 年开始发行开放式基金，并从此成为主流。而 2014 年 9 月的东方红睿丰是一只有三年封闭期的混合基金，2014 年 9 月 19 日，这只基金成立，当天的上证综指是 2329.45 点。在一个相对低点主动发行一只有三年封闭期的基金，结果可想而知，销量其实并不好，甚至可以用艰难来形容，但就是在这样艰难的过程中，最后基金公司和银行在这只基金上交出了亮眼的成绩。这只基金首募了 16 亿元资金，数万名客户成为持有人，虽然在经历 2015 年和 2016 年股市的大涨大跌时，很多持有人发出疑问"为什么不让赎回？明知道有风险，我却无法卖出"，但等到 2017 年 9 月，基金三年封闭期结束，最终给持有人带来了 163% 的累计回报。这对于持有人来说无疑是一个巨大的惊喜，也让这些持有人自此成为东方红睿系列基金的种子用户、坚定拥护者。

所以有关长期投资，我想告诉你的是，长期投资有前提，进入时点要考虑：不要被动的长期持有，而要主动选择的长期投资。

（三）长期还能买卖吗，长期和择时具体是怎样的关系

既然我们说，长期投资的逻辑是基于价值投资的，那么这里也可以开宗明

义地说明，价值投资天然就包含了长期投资和择时的双重意思，所以长期投资与择时或买卖不仅不矛盾，而且还应有机结合。

格雷厄姆时期的价值投资理念是"买便宜的好东西"，其强调的是"便宜"占第一位。巴菲特时期的价值投资理念是"以合理的价格买入优质资产，然后长期持有"，其强调的是"优质资产"占第一位。喜马拉雅资本董事长、有着"中国巴菲特"之称的李录在其《文明、现代化、价值投资与中国》一书中，将价值投资概括成 4 个要件，分别是所有权、安全边际、能力圈、市场先生。

其实，他们说的是一件事情，那就是要判断价值（好东西、优质资产、能力圈）、尊重价值（所有权）、关注价格（便宜、合理、安全边际）。

不管是哪位价值投资大师或大家，其实在提到价值投资时，都隐含了长期投资和择时的意思。

我们对择时的常规理解是，短时间内希望"低买高卖"，以及持续频繁地操作等。而不管是基于美林时钟，还是其他预测模型，这种短时间内择时的成功率和准确率对于普通投资者，甚至某些机构投资者而言，其实都不高。从上海证券交易所公布的 2016 年 1 月至 2019 年 6 月单个账户的收益情况来看，不管是散户、公司法人还是机构投资者，通过择时所带来的收益均为负值（见表 2-10）。

表 2-10 单个账户收益情况

账户	总收益（元）	择时收益（元）	选股收益（元）	交易成本（元）
散户10万元以下	-2457	-774	-1532	-151
散户10万元~50万元	-6601	-3018	-2443	-1140
散户50万元~300万元	-30443	-15558	-10171	-4714
散户300万元~1000万元	-16503	-80767	-65269	-18467
散户1000万元以上	-89890	-411584	402271	-80577
机构投资者	13447655	-4176872	18074792	-450265
公司法人投资者	23440904	-14766355	38244620	-37361

注：数据为2016.1至2019.6 单个账户的年化水平 资料来源：上海证券交易所

所以，这是一种什么择时？

这是趋势择时，是技术择时，是希望通过短平快的买卖方式获得即时收益的一种策略。这种择时策略其实质是在赚取市场上其他参与者（错误的行为与定价）的钱。

这种择时策略类似于"俄罗斯套娃"，需要不断地去想市场中其他参与者是怎么想的，要有第 N 层思维，想到其他人的"后续行动"，成为"黄雀"，而不是被"黄雀"所食。

比如，现在非常火的各种公募、私募量化策略，其底层逻辑其实都是利用市场参与者的推断或者操作错误（异象）来进行套利，高频交易的背后践行的就是这种择时。试想，作为普通投资者的我们，如果也加入这场游戏，和这些运用量化测量进行套利的人在一个牌桌上游戏，那么我们会是蝉、还是螳螂，抑或是最后的黄雀呢？答案可想而知。

价值投资中所说的择时又是什么呢？

价值投资的择时是战略择时，它依托于市场增长本身所伴随的周期低点和高点，是在市场情绪极端化背景下做出的一种模糊但正确的选择。

这种选择可能一年甚至几年才需要进行一次买入或卖出的操作，因为买入和卖出都不是一蹴而就的，而是缓慢的与持续的。比如，根据市场估值水平、股债投资性价比指标等，在市场被极度低估，股债投资性价比指标明显偏向股票资产时，我们持续买入；在市场被极度高估，股债投资性价比指标明显偏向债券资产时，我们持续卖出。

如果用一句话来概括价值投资中的战略择时与趋势投资中的技术择时的区别，那么战略择时就是我们听得最多的"别人恐惧时我贪婪，别人贪婪时我恐惧"，而技术择时则是"别人恐惧时我更恐惧，别人贪婪时我更贪婪"。

财富管理端资产配置方法论的流程图中（见图 2-2），在讲到仓位管理的第三层要件中的战略择时和战术择时的选择时，我们的框架重点介绍的是战略择时。在情绪极度悲观、市场处于周期低点时，增加投资仓位；在情绪极度乐观、市场处于周期高点时，减少投资仓位。但不管如何，永远都要有资金在这个市场中。

（四）长期投资就是投资一辈子吗

"长期投资就是投资一辈子吗？"这个问题也很重要，而回答这个问题则要看我们从什么角度看待财富管理和投资理财。

（1）如果从投资理财和财富管理是否要持续做下去的角度看，长期投资（长期主义）就是一辈子的事，所以我们将其称为一场无限的游戏。有限的游戏我们在乎的是终点的输赢情况，即节点处的结果；但无限的游戏更注重过程，每一个节点都是下一个阶段的开始，所以短期的输赢不重要，能否在此过程中收获确定性的逻辑，从而促使中长期持续稳定地保值增值才重要。

（2）如果从产品配置的角度看，其实大家关注的就是特定时间点的产品选择，对产品本身的长期投资是否也意味着一辈子的投资呢？当然不是，如果是这样，我们的投资体验也太差了。我们说的长期投资从来不是指单只产品的买定离手，而是背后资产的永续投资。产品涉及两种操作，一种是在买定之后的检视阶段，发现问题直接清仓或转换；另一种则是在市场周期发生巨大变化之后，进行战略减仓或加仓。

清仓或转换不必一定要等多长时间之后，只要我们发现产品的逻辑已经不符合我们之前购买时的逻辑了，比如，基金公司发生重大变故、基金经理被更换、基金规模显著超过基金经理的管理半径，或者基金产品不仅短期业绩变差，中期、长期业绩也都不尽如人意等，就可以进行清仓或者转换操作。

战略加仓或减仓的节点涉及的时长，往往会有以下几个版本可供参考。

1. 1.0版本的长期投资：6~8年

1.0 版本的长期投资是普遍意义上的长期投资，即至少要跨越一个完整的牛熊周期。在我国，以往的牛市通常持续 1~2 年，而熊市的持续时间会很长，一般在 4~6 年，所以，一个牛熊交替的周期在 6~8 年。这样的长期投资，可以使你不管在什么时点买入，都可以取得一个不算太差的结果。比如，哪怕是上一波牛市的最高点买入，在 8 年后大概率也会迎来下一波牛市的高点，而不至于损失惨重。

2. 2.0版本的长期投资：3~5年或2~3年

2.0 版本的长期投资是在充分考虑到市场周期波动和市场过往几十年的平均年化收益率后提出的投资期限建议。其中，又分为以下两种情况。

（1）取得复合年化收益率超 10%~15%后结束一次投资，即 3~4 年。

过往 15 年，公募偏股型基金的复合年化收益率在 10%~15%，这是股票类资产所构成的产品的一个相对可参考的收益率水平。

股票类资产的收益本质来自于企业的盈利增长。因此，它天生就是一类波动性大、中长期收益预期高的资产类型。有了这样的收益率参考和对股票类资产特性的理解，我们就应该明白，时间在这类资产的投资中只是起到了周而复始的作用。

如果你选择了在市场相对低点去投资股票类资产，或买入中证 500 指数，而不是在市场的一般点位或者高点位进行投资，你就可以在市场回到一般点位（而不是在一波牛市到来）时获得 10%~15%的复合年化收益率，从而提前进行战略减仓。这个时间会是多长，我没有经过严格的实证分析，结合 1.0 版本跨越牛熊的投资期限来看，既不是在市场绝对大底也不是在绝对大顶时买入的情况下，所持有时间可能在 3~4 年，基金历史平均收益率如表 2-11 所示。

（2）众多基金公司的新封闭式基金封闭期选择，即 2～3 年。

目前市场上，新发行的封闭式基金产品，除了个别公司发行的 5 年期产品外，普遍发行的是 2～3 年的封闭期产品。一方面是基于客户接受度的考虑，封闭期不宜太长；另一方面是基于对回报率和收益的考虑，这类封闭基金的发行时点普遍是在上证综指 3000 点以下进行的。我们以上证综指 3000 点、4000 点作为划分标准，计算在上证综指 3000 点以下、3000～4000 点、4000 点以上购买新成立的主动权益基金（包括普通股票型基金、偏股型基金和灵活配置型基金）持有满 1 年、2 年和 3 年的平均回报率与正收益比例，如表 2-12 所示。

表 2-11　基金历史平均收益率

时间	基金数量	上年底规模（亿元）	规模加权收益率	收益率中位数	沪深300
2005年	42	899.46	1.00%	3.14%	-7.65%
2006年	76	996.09	116.03%	122.91%	121.02%
2007年	131	4568.13	124.06%	123.63%	161.55%
2008年	180	22183.55	-51.60%	-51.26%	-65.95%
2009年	233	9780.61	69.26%	69.32%	96.71%
2010年	299	15813.87	1.23%	3.98%	-12.51%
2011年	361	14909.09	-23.97%	-23.92%	-25.01%
2012年	435	11247.78	4.80%	4.52%	7.55%
2013年	516	11235.65	12.28%	13.34%	-7.65%
2014年	599	11422.81	20.13%	22.20%	51.66%
2015年	753	12045.14	41.74%	43.07%	5.58%
2016年	1364	19950.14	-10.50%	-7.14%	-11.28%
2017年	1962	17457.08	10.68%	8.74%	21.78%
2018年	2395	17785.16	-20.43%	-19.16%	-25.31%
2019年	2864	15154.65	38.55%	36.08%	36.07%
2020年	3299	21227.97	51.91%	46.83%	27.21%
2021年	4162	48115.18	4.56%	6.70%	-5.20%
2022年	5594	60907.49	-20.78%	-19.84%	-21.63%
2023年	6564	48507.44	-14.47%	-12.67%	-11.38%
累计收益			625.81%	746.78%	243.11%
复利			11.00%	11.90%	6.70%

数据来源：Wind，由九思汇智学院统计，截至 2023 年 12 月 31 日

表 2-12 不同点位购买权益基金的平均回报率与正收益比例

不同点位	持有满 1 年		持有满 2 年		持有满 3 年	
	平均回报率(%)	正收益比例	平均回报率(%)	正收益比例	平均回报率(%)	正收益比例
3000~4000点	1.23	60.49%	4.68	65.10%	11.00	71.46%
3000点以下	24.73	80.16%	41.53	83.13%	56.93	82.02%
4000点以上	-7.76	50.34%	-3.17	57.24%	1.60	61.03%

数据来源：Wind、贝书咨询，2019.12.31

从表 2-8 中可以看出：持有时间越长，点位越低，正收益比例越高，平均回报率也越高。

但是，随着 2021 年集中发行的一些封闭期或持有期产品陆续到期，3 年持有期并不能为投资者带来惊喜，反而很多产品出现了接近腰斩的浮亏。其实，回望当时这些产品的发行时点，基本是在上证综指 3500~3700 点区间发行的。这样的时机当然并不是市场低估的时刻，但其实也谈不上高估，是一个相对中估的区间。这个时点发行的产品在 3 年后遇到市场低估的极值区间，呈现出浮亏乃至大幅亏损的结果，在一定程度上可以视为一种"黑天鹅"事件。这也再次提醒我们，长期投资从来不是投资的目的，而是投资的结果。只有当我们以"布局便宜筹码"并长期持有的心态去参与市场投资时，遇到上述类似的局面我们才能更加从容地应对。

（五）长期投资的合理预期收益率是多少

长期投资的合理预期收益率，在仓位管理的第二层要件，即资产特性部分有讲到过以下几个参考数据。

① 偏股型基金过往 16 年的历史年化收益率约为 17.04%。

② 自开放式基金成立以来，截至 2021 年年末，偏股型基金平均年化收益率为 16.60%，超过同期上证综指平均涨幅 10.19%。

但是自 2022 年开始持续浮亏，2022 年浮亏 20.91%，2023 年浮亏 11.7%，2024 年上半年（截至 6 月 30 日）继续浮亏 5.33%。在连续几年浮亏的情况下，自开放式基金成立以来，偏股型基金的平均年化收益率已经下降到了 12.1% 左右。

了解了过往偏股型基金的年化收益率情况，那么未来长期投资偏股型基金的合理预期收益率又该是多少呢？

其实，按照《中华人民共和国国民经济和社会发展第十四个五年规划和 2035 年远景目标纲要》目标，未来 15 年的经济增长目标为 4.5%～5%。这会带来两种逻辑的变化：一是无风险收益率会继续大幅降低，而这带来的将是风险资产估值的抬升，体现为更多的资金涌入股市，令市场上涨；二是风险资产的中长期收益率也要回归到经济增长的大逻辑当中去，所以长期收益率可能也会受到经济增长速度降低的影响而降低。因为上市公司是一个国家经济发展中的优质资产，所以它们的增长空间可能会在 4.5%～5%基础上增加两三个百分点。此处，考虑到偏股型基金的基金经理的主动管理能力，可能会比市场再增加几个百分点的收益率，所以，未来偏股型基金的中长期收益率可能在 10% 多一些，相较于过去可能依然存在一定程度的下降，不过加上刚才提到的变化——市场估值提升的情况，如果我们能够把握模糊的正确，在估值较低时重仓，在估值较高时轻仓，通过战略择时创造出伽马（γ）收益，那么整体收益率可能还会更高一些。因此，我们得出，未来对于偏股型基金的投资收益率保持在 10%～15%，可能是一个较为合理的预期。

上述这两种逻辑变化叠加在一起，给财富管理从业者的启示是引导投资者在行情尚未到来时就要提前布局（买基金要趁早），并且一开始就要做好长期投资的准备，选购长期持有的产品。同时，也要关注市场可能提供的提前"中奖"或"期权兑现"的机会，市场估值的提升可能会让我们在投资中期时就迎来超预期大涨或全面牛市。那时，我们要做的就是减轻仓位，并提前退出。

到这里，关于长期投资的内容就给大家分享完了。长期投资能够带来的价值当然是毋庸置疑的，但同样我们要知其然并知其所以然。总结来说，我们需要的是主动的长期持有，而非被动的长期持有。对于单一产品而言，我们需要适可而止的长期持有，而非永无止境的长期持有，定投更是一种需要及时止盈、合理安排期限的策略，我们应长期持有股票类资产，但并非一成不变地持有某一只产品。搞明白了这些之后再谈长期投资，才能做到有的放矢。

五、动态平衡

格雷厄姆最早提出的"资产配置是免费的午餐"，指的就是资产配置中的动态再平衡。所谓的动态再平衡，就是回归到原来的样子。如果是股债搭配的组合，就是经过一段时间的市场运作之后，股债的投资比例变得与之前的比例不再一致，此时需要通过手动的方式使其回归到原来的比例。

将沪深300和中证全债2005年到2017年的指数按照一定的比例进行搭配，并且每年进行一次再平衡，最终呈现的结果如表 2-13 所示，从表中你可以看到哪些值得关注的结论？你可以先思考几分钟，试着去找一找规律再回答。

表 2-13　投资组合，每年进行一次再平衡

	沪深300	中证全债	股债 10/90	股债 20/80	股债 30/70	股债 40/60	股债 50/50	股债 60/40	股债 70/30	股债 80/20	股债 90/10
累计收益率	231.0%	76.3%	124.2%	171.7%	215.9%	254.1%	283.4%	301.7%	306.9%	297.4%	272.3%
年化复合收益率	10.5%	4.8%	7.0%	8.7%	10.1%	11.1%	11.9%	12.3%	12.4%	12.2%	11.6%
波动率	67.4%	5.8%	5.7%	11.5%	18.2%	25.1%	32.1%	39.2%	46.2%	53.3%	60.4%
最大回撤	-66.0%	-2.4%	-1.7%	-2.4%	-8.6%	-16.8%	-25.0%	-33.2%	-41.4%	-49.6%	-57.8%
夏普比率	0.09	0.12	0.49	0.40	0.32	0.28	0.24	0.21	0.18	0.15	0.12

下面简单列出几条算是抛砖引玉。

（1）当股债比例达到 4:6 后，我们就会发现组合的收益率已经比单独购买股票（100%仓位）的平均收益率还要高了，而最大回撤和波动率因为引入了大量的债类资产，所以收益率大幅下降。

（2）当股债比例达到 7:3 并继续往上抬升到 8:2 甚至 9:1 的过程中，组合的波动率加大，但收益率却不升反降。

以上两点说明，中长期来看权益类资产的仓位并非越高越好。

（3）如果想获得一个不错的中长期投资体验，股债比例为 3:7 或 4:6，收益率在 10%以上，而最大回撤大幅下降到 16.8%，则可能更加适合大部分普通投资者投资体验度的选择。

换一个样本，从 2004 年到 2020 年以万得全 A 指数和中长期纯债基金指数作为股票和债券的代表，进行的数据回测也能够说明动态再平衡在资产配置中起到的作用，如表 2-14 所示。

表 2-14　股债投资再平衡收益率

累计收益率

股债配比	纯配置	年初再平衡	偏离10%再平衡
75%+25%	404.46%	**526.12%**	515.99%
50%+50%	308.83%	**440.70%**	349.46%
25%+75%	213.19%	**282.54%**	230.08%

年化收益率

股债配比	纯配置	年初再平衡	偏离10%再平衡
75%+25%	9.98%	**11.38%**	11.28%
50%+50%	8.63%	**10.43%**	9.23%
25%+75%	6.94%	**8.20%**	7.27%

最大回撤

股债配比	纯配置	年初再平衡	偏离10%再平衡
75%+25%	-64.42%	**-53.26%**	-58.41%
50%+50%	-54.69%	**-35.34%**	-39.47%
25%+75%	-37.11%	**-19.06%**	-20.58%

为什么通过一个动态再平衡的简单操作就能够获得更高的超额收益呢？核心就在于其背后是一个跟追涨杀跌完全相反的投资逻辑。

如果我们将个人投资者所能获得的投资收益用一个公式来总结，就应该是：投资者收益=贝塔（β）收益+阿尔法（α）收益+伽马（γ）收益。

一句话概括，贝塔收益就是靠市场整体趋势向上带来的平均收益；阿尔法收益就是靠精选市场中的优质个股带来的相较于市场整体的超额收益；而伽马收益则是靠投资行为（低买高卖）带来的收益（见图 2-28）。

在本模块我们给大家分享的应对策略的仓位管理、均衡配置、长期投资、动态平衡这十六字箴言中，所有的内容都是有关规则和纪律的，都可在一定程度上规范和约束我们的投资行为。

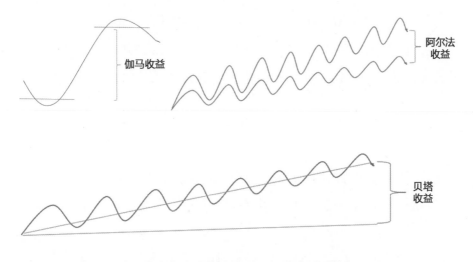

图 2-28　伽马、阿尔法、贝塔收益曲线

但是从收益的创造来源上，它们其实是不完全一样的。回到前面个人投资者的收益来源中，仓位管理和动态平衡更多的是在创造贝塔收益和伽马收益，长期投资更多的是在创造贝塔收益，均衡配置则是在创造贝塔收益和阿尔法收益。

另外，如果我们将阿尔法，贝塔以及伽马收益的来源也进行第一性分析的话，我们会得出"阿尔法收益主要是靠个人创造的，贝塔收益是靠时代创造的，伽马收益则主要是由周期带来的"这一结论，所以是"个人的阿尔法，时代的贝塔以及周期的伽马"。

仓位管理的战略择时及动态平衡都是通过下跌时多买、上涨时少买的"进可守，退可攻"（市场上涨了我们反而选择防守，市场下跌了我们反而选择进攻，即追跌杀涨）的方式来获取收益的。

那么再平衡的规则有哪些呢？主要有以下四种。

（一）定期再平衡

比如期初的股债比例为 60:40，定期再平衡就可以设定每年重新平衡一次。这种方法简单方便、容易操作，并且也符合习惯，比如每年的岁末年初，大家都在做规划的时候，同时对自己的投资做检视，让其回归原来的比例。

（二）偏离度达到一定程度后再平衡

比如一开始股债比例为 60:40，之后比例达到 70:30 或者 40:60，就会触发一次再平衡，往往在市场大涨大跌的年份才会这样。在年中，尚未等到每年一次再平衡的时候，组合股债比例已经发生非常大的偏离，所以平时我们的动态平衡可以结合市场环境，将定期平衡和高偏度平衡结合起来使用。

（三）按照估值再平衡

这种再平衡已经从底层资产层面直接落脚到产品实操层面了，具体回归到原来的样子，是要加仓或减仓哪类产品呢？其实这一点，我们在仓位管理第三层要件中也有讲到，就是看估值指标，看是目前组合里的哪类产品上涨的并让其所投板块的估值也偏高了，此时我们再平衡继续配置时，就会按照"哪种风格更便宜，配置的比例相对就会更高一些"的原则来进行。

另外，每次做资产配置的动态再平衡时，也都是固定的检验产品配置是否合理的时候，在产品的动态化调整过程中，我们需要有敢于认错的态度，在选择产品时，有我们的理由，一旦这些理由不存在或是判断失误了，就要在再平衡阶段得到体现。

（四）按照波动风险再平衡

这种方法也被称为风险平价策略，相对复杂一些。比如按照每类资产的波动率分配比例，让每一类资产在投资组合中的风险占比相同。常规来说，作为财富管理行业从业者以及普通投资者，按照前三种动态平衡规则搭配使用就能获得较好的此类伽马收益了。

总结而言，资产配置确实是我们投资当中为数不多的免费午餐，而且不仅是免费的，还是双份的，格雷厄姆所说的免费是"动态再平衡"，而马科维茨所说的免费更多是指"资产的非相关"。通过这部分内容，希望大家能够真正认识到动态平衡的价值和意义，并在实际的投资中做到知行合一。

延伸阅读一：万一，这一次真的不一样呢？

心有所信，才能致行千里。如何走过市场的幽暗岁月和光辉岁月呢？"咬定青山不放松，立根原在破岩中"，在选定了战略方向和决策之后，无他，跟着走就是了。

1. 跟着走，万一"这一次不一样"呢？

在市场的极值时刻，我们真的可以按照像仓位管理的第三层要件要求我们的那样，在冰点期逆势加仓，在疯狂时逆势减仓吗？

恐怕很难，为什么呢？因为一旦在那种情境下，我们打算去执行自己的策略时，内心就会升起一个异常响亮的声音"这一次，可能不一样"。

在每一次面对市场的极端表现时（市场先生本身像一个非常情绪化的小孩，它的常规操作就是表现极端，如同钟摆的摆锤，极力往两边摆动），我们总容易被这样的声音牵绊，所以，究竟是因为"这一次不一样"才让我们飘忽不定，还是因为我们恐惧和贪婪的内心，才会让我们产生"这一次不一样"的联想和行动呢？

不知道大家有没有发现这个逻辑悖论的起点在哪里？

那就是在投资的本身属性上，"投资本身是一项面向未来不确定环境的行为和选择。"这句话是什么意思呢？

这句话的意思是，其实任何人都无法给你一个百分之百的面对不确定性未来的正确的标准答案。

于是乎，每一次你说"这一次不一样"时，我都无力反驳。因为它所描述的是在投资之前就一直存在和持续存在的逻辑，即"未来，我们并不能百分之百确定"。

但是，显然，我们学过的那么多的周期、波动、经济增长的理论和模型，以及每一次面向市场时人心的一次又一次考验，就会发现其实大概率正确的事情是"每一次，都一样"。

严谨一点说，就是"历史不会简单重复，但会压着相同的韵脚"。

所以，因为惧怕"这一次不一样"而采取的行动，往往会被证伪，当然，我们害怕的是有一次它被证实了。

2. 万一"这一次，真的不一样"怎么办？

当市场行情发生巨大变化时，要提前下车或停滞不前吗？

如果是这样，我们学习再多的投资知识、专业框架也都无济于事。

既想参与市场，又怕小概率（风险）事件发生的解决方案只有一个，那就是我们在前面已经讲到的应对之道——积极拥抱，保持冗余。将这八个字落实到投资领域就是"仓位管理"，即承认我们生而有局限，我们认为的好未必真的好，我们认为的没有机会也未必真的没有机会，在任何情况下，都"永远不满仓，永远不空仓"，然后在符合自己的投资风险与收益目标的前提下，设定好股票类产品的投资比例，然后坚定地投资下去。退一万步说，如果市场中长期真的没有上涨，就此跌落下去了，那我们也不必担心，因为我们提前做了安排和应对，这可以让我们继续过和以前一样的生活（不放杠杆，不满仓，还有一些长期闲钱和现金流），不会影响我们的生活质量。而一旦这种小概率事件没有发生，市场终归跨越周期，持续上涨，那么我们的操作就能让我们实现既定的财务目标了。

投资是一场无限的游戏，我们需要的是大概率的小成功，积"常胜"为"长胜"。这是我们在开始投资之前就需要想明白、弄清楚的问题。

延伸阅读二：什么样的人（客户）更适合投资股类产品？

我们公司内部有每周二做读书分享的机制。在一次周二的读书分享会完毕后，我和同事交流讨论到服务营销时说了这样一句话，"工作中的捷径就是学会真心实意地说'我错了'，投资中的捷径就是学会在冰点期买入足够多的仓位"。

但显然以上两点，其实都不容易真正做到。人与人之间确实存在着特质差异，而这些特质在很大程度上决定着某些事的最终的结果，比如我们接下来要讨论的这个话题——究竟什么样的人（客户）更适合通过购买偏股型基金赚到钱？

在回答这个问题之前，先问自己这样两个问题。

问题一：对待不确定的事务（未来），你觉得你是先天乐观的人还是悲观的人？

问题二：对于事情变化的反应，你是更加灵敏的还是迟缓的？或换一种更犀利的说法，你是反应更加迅速的还是更加迟钝的？

我相信你已经给出了自己的答案。上述问题的答案可以组成以下四种样本。

情形一：乐观+迟缓。

情形二：乐观+敏捷。

情形三：悲观+迟缓。

情形四：悲观+敏捷。

我们可以根据你所回答的答案来直接给出以下一些结论。

如果你是情形一的情况，那么恭喜你，你应该属于最适合投资偏股型产品并最大概率可以把所购买的产品的收益变成自己账户收益的一类人。

如果你是情形四的情况，那么你要警惕，在人群中你属于最不适合投资偏股型基金的那类人。因为你会很难将所购买的产品收益变成你的账户收益，而不管你所购买的产品是否真的赚到了钱。

情形二和情形三中的情况，哪种更适合投资偏股型基金一些呢？答案是情形二要优于情形三。为什么呢？因为乐观与悲观更多不是习得的，对待事务的态度更多是先天占据更大的比重，而敏捷和迟缓则需要通过刻意练习寻求改变（当然前提是你觉知到自己需要改变）。

图 2-29　巴菲特名言

所以，上述四种样本，投资偏股型基金产品的投资者样本从最适合到最不适合，分别是情形一＞情形二＞情形三＞情形四。

为什么这样说呢？选择"乐观或悲观""敏捷或迟缓"这两个指标的依据和标准又是什么呢？它背后的科学依据是什么呢？

巴菲特说，"投资不需要多高的智商，需要的是稳定的情绪"（见图 2-29）。

我们经常听到一句话："投资是认知的变现"，对这样的说法，你认同吗？

如果我们将这个观点理解成"我们永远无法赚到自己认知范围以外的钱"，它就是正确的，但让我们忽略或容易引起歧义的是，

"那是不是，我们认知范围以内的钱，就可以100%赚到呢？"答案当然是否定的。投资从来都不只是认知的变现，投资是认知和情绪管控水平（心力）结合的变现。赵括之流，纸上谈兵者多如牛毛，唯有知行合一者能够到达成功的彼岸。

对于普通投资者，如果想要的只是获得资产以及资产所组成的产品组合的长期平均收益率，那么在"认知"层面把握常识和掌握框架就好了。比如我们前面和大家分享的财富管理中资产配置的十六字箴言——仓位管理、均衡配置、长期投资、动态平衡。理解这十六个字是简单的，但做到却又是非常不容易的，难就难在情绪管控上。

比如仓位管理中所伴随的战略择时，它要求"在别人恐惧时，你要加大仓位，在别人贪婪时，你要减少仓位"；长期投资要求在跌宕起伏的市场中，"好不容易回本了要继续持有""赚了一些，但是市场依然没到高估区间，依然不能落袋为安，因为要避免仓位变低及后续市场持续上涨时的追高"。

这时，明知规则和纪律要求我们这样做，但实际却做不到的情况，其实就是情绪管控能力不足的表现，在更专业的定义中，叫作造成投资行为偏差的"情感偏差"严重。要说明的是影响投资行为偏差的主要是"认知偏差"和"情感偏差"，要纠正它们是非常不容易的。

比如我之前一直想要解决"情感偏差"严重的问题，包括我去读行为经济学博士的初心也是这个。但是最终我发现这并不容易，因为"情感偏差"只能去迎合，而不能被改变，试图想要改变投资者情感偏差的想法以及尝试，多半会是一场徒劳，因为造成"情感偏差"的背后动因是人的动物性中最为顽固的"趋利避害、损失厌恶和过度自信"等部分。

当然，这也不是完全无解的，在模块三中我们会给出更多解决这类问题的方法与技巧，只是我们要有敬畏之心，抱着"因上努力，果上随缘""但行好事，莫问前程"的态度去做这些事情会让我们更有获得感。现如今，较为有效地尝试解决"情感偏差"的方案是基于社会认同的逻辑，即在大环境中营造出小圈子，构建出小圈子的社会认同。

本篇延伸阅读所引出的两个指标"乐观或悲观""敏捷或迟缓"就是基于这样的背景和逻辑下给出的答案。因为"乐观或悲观""敏捷或迟缓"导向的都是人与人之间的"情绪管控水平"的差异，比如乐观的人的情绪会更趋于稳定和积极。钝感的人反射弧会比较长，在遇到事情的快速变化时，情绪的波动会相对更小。

而实际上，在投资环境中，因为是面向不确定未来的决策，因此只有性格乐观，才能在市场最极端的时刻依然充满信心，不会过度悲观到极端；而反应钝感，又能避免对短期波动反应过度敏感。

最新的学术研究也证实了这一点，发布在 AER（*American Economic Review*）（全球经济学学术期刊 TOP5）上的一篇学术论文"Happiness and Time Preference: The Effect of Positive Affect in a Random-Assignment Experiment"给出了答案，这篇论文的核心观点是积极的情绪有助于减少时间偏好，即积极的情绪会让我们更加愿意着眼未来，而不是偏好于此时此刻，换句话说，让自己尽可能多地拥有积极的情绪或处在积极的情绪下，往往就会倾向于做出延迟满足的决策。而乐观的人，会更多地拥有积极的情绪，所以这就是为什么乐观的人更适合去投资股票类产品的原因。

解铃还须系铃人，客户究竟是乐观还是悲观，是敏捷还是迟缓，我想他们的内心会有自己的答案。我们通过与客户交流直接提问，应该就可以直接给客户画像了。当然，如果通过上面这些内容客户还不那么确定自己属于哪种情绪，那么还给大家准备了一套简易的量表来进行参考。

乐观 vs 悲观量表：

（1）您是否经常对未来充满信心和希望？

（2）面对挫折和失败，您是否倾向于很快调整心态，重新出发？

（3）您是否常常觉得"塞翁失马，焉知非福""云破天开终有时"？

（4）您是否相信只要努力，就总有希望？

（5）您是否常常对他人的善意抱有信任？

同意程度：非常不同意（1分）、不太同意（2分）、中立（3分）、比较同意（4分）、非常同意（5分）。

得分范围：5~25分。

20分以上：非常乐观。

15~20分：比较乐观。

10~15分：中性偏乐观。

5~10分：比较悲观。

敏捷 vs 钝感量表：

（1）您是否对环境中细微的变化也常常能敏锐察觉？

（2）面对突发事件，您是否反应很快，会立即采取行动？

（3）您是否时常根据最新信息调整自己的计划和决策？

（4）您是否善于捕捉稍纵即逝的机会？

（5）感知到风险时，您是否马上采取规避行动？

同意程度：非常不同意（1分）、不太同意（2分）、中立（3分）、比较同意（4分）、非常同意（5分）。

得分范围：5~25分。

20分以上：反应非常敏捷。

15~20分：比较敏捷。

10~15分：中性偏钝感。

5~10分：比较钝感。

当然并不是说，情形三、情形四的人就完全不能去购买偏股型产品，只是与其要求客户"做一名理性的投资者"，不如告知"做一名了解自己的投资者"更重要。如果客户真的是情形三和情形四中的情况，那么在投资的过程中就要更加警惕，需要通过更多的外在纪律和规则来约束自己，比如更多地买入"有较长持有期限要求"的偏股型产品，以及让自己远离有噪声的圈子，多看一些书来修身养性。

"安放心，管住手"是客户投资偏股型产品还能赚到钱的不二法门。

模块三

安　抚

一、安抚的情绪价值与根本逻辑

（一）安抚的情绪价值

1. 什么是情绪价值？

最近几年，"情绪价值"这个词特别火。在财富管理行业，也在提"情绪价值"。那到底什么是情绪价值，怎么才能提供情绪价值？财富管理行业的情绪价值和其他行业的又有什么不一样呢？

要回答什么是情绪价值，我们得先真正理解什么是情绪。

对于这个问题，我想大家都有一些感知，但真的去直面它时似乎又很难准确地概括。

比如，当我继续问大家，什么是积极的情绪，什么是消极的情绪的时候，可能大家脱口而出的也只能是"喜怒哀乐"，要继续说，就很难扩充了。

实际上，在专业的情绪问卷中，一般会罗列出 16 种之多的情绪状态，比如表达积极情绪的：愉悦、满足、快乐、兴趣、解脱和惊喜；表达消极情绪的：愤怒、困惑、轻蔑、厌恶、尴尬、恐惧、痛苦、悲伤和紧张。

而关于情绪的定义，在《认知行为疗法入门》和《改变心理学的 40 项研究》两本书中，给出的答案是这样的，"情绪是一种自发产生的、不受意识影响的心理状态"。这个概念中的"自发""不受意识影响"两点都极其重要。而这两点之所以成立，是因为我们的一切意识、知觉、记忆、情绪和压力的生物基础都来自于我们的神经系统，而神经系统又包括中枢神经系统和周围神经系统，以及植物神经系统三个部分，其中植物神经系统也叫自主神经系统，就是指不受意识影响的神经系统。

当外界的刺激，通过"耳、鼻、口、手、眼、脑"来到我们的中央神经系统之后，首先触发的就是杏仁核。而杏仁核是情绪的中枢，它负责情绪的产生或唤醒，是快速产生欲望、暴怒、疯狂和极乐的部位。一旦遇到情况，对于感官信息（视觉、声音和气味等）的最初情绪反应就来源于这里，并且杏仁核做出反应的速度极其迅速（不超过 0.2s），然后再将反应转换成信号由神经递质、神经调质以及激素传递出去，产生情绪和行为（如图 3-1 所示）。

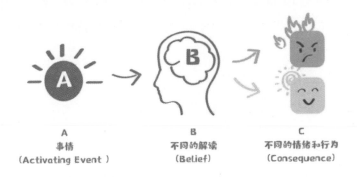

A
事情
(Activating Event)

B
不同的解读
(Belief)

C
不同的情绪和行为
(Consequence)

图 3-1　情绪的 ABC 理论，由美国心理学家艾利斯创建

当然，不同的刺激，对同一个人能够产生的情绪强度、类型完全不同；而同样的刺激，因为编码与解码不同，对于不同人能够产生的情绪及其强度、类型也会完全不同。这里说到的"编码与解码"就是图 3-1 中的 B（Belief）的部分，所以有句话是这么说的"能让你发火的从来不是外界，而是你自己"。

有了上述对于情绪的讲解之后，情绪价值就很容易理解了，所谓的情绪价值，就是提供一种让对方感受到本来就持续发生的负向（消极）情绪的认同（让对方感受到"共同情绪"并成为"嘴替")或提供一种让对方一直想要的正向（积极）情绪的满足（让其实现愉悦、唤起、激发、满足、快乐、兴趣、解脱和惊喜的情绪）。

那怎么提供情绪价值呢？常规的，我们会将一件商品、一类服务的价值分成两类，一类是功能价值，另一类就是除功能以外的所谓的情绪价值。即作为一个商家，应考虑在原有产品的功能价值之外再为客户增添一些情绪价值。

刘润在其 2023 年年度演讲中讲到情绪价值非常核心的一个案例就是泡泡玛特，尽管泡泡玛特的产品看似缺乏传统功能价值，但其核心竞争力恰恰在于通过陪伴感和情感联结为用户提供情绪价值。

那么财富管理行业能否也这样呢？即为客户提供情绪价值，"赚不赚钱"（功能价值）在投资过程中就无所谓了，因为投资本来就是一件不可控的事情。

能这样吗？答案是绝不可以。

在其他行业或许情绪价值可以成为其核心价值，但在财富管理行业，绝不可以这样，原因有以下两点。

（1）财富管理行业的情绪价值极其重要。

美国圣塔克拉拉大学金融学教授迈尔·斯塔特曼在其所著的《行为金融学通识》一书中提出了投资者通过投资其实可以收获三类回报，分别是功能性回报、表达性回报和情感性回报，其中功能性回报就是保值增值，表达性回报和情感性回报就是情绪价值。

但是，因为投资市场的复杂性和投资者所购买的产品的净值化属性，决定了投资者如果想要最后的功能性回报，就必须放弃"一一对应"和"短期正反馈"，主动接纳"长期获利"和"长期正反馈"，而人都是需要持续激励的，在没有正反馈，甚至只有负反馈的日子里，我们该怎么面对自己的投资呢？答案就是平移反馈，去接纳表达性回报和情感性回报可以给自己带来的正反馈。

所以，为了实现最终的功能价值，在财富管理行业中情绪价值变得不可或缺。

（2）财富管理行业的情绪价值并不完全是目的本身，也可能是实现目的的手段。

说到底，投资者购买金融产品，主要还是要满足功能性需求，而不是单纯地获得情绪价值。若所谓的"情绪陪伴"未能有效引导客户建立科学投资纪律，最终无法达成资产保值增值的目标，此类情绪价值便失去了实质意义。即财富管理行业的情绪价值本身很重要，但它并不是意义本身，它是让投资者获取功能价值的必由之路。

情绪价值是如何在客户投资过程中发挥作用，并最终让客户获取到功能价值的呢？

2. 情绪价值对应情绪管控水平和情感偏差

其实我们在前面介绍客户的风险偏好时，就提到过与之对应的两组概念，一组是"风险态度"，另一组是"风险承受能力"。而在介绍"风险态度"时，我们提到它是由一个人的先天特质、后天环境以及认知水平三部分共同构成的，其中先天特质和后天环境影响的是人的情绪管控水平，所以归总到最后，一个人的风险态度是由其情绪管控水平和认知水平两部分构成的。

所以投资者究竟如何才能赚到钱呢？认知+情绪管控，我们在实际的投资场景中，除了要解决认知问题外，还有一个更棘手的要解决的问题，就是"知道了却做不到"。比如，明知道在产品估值不高、下跌加仓时对我们的投资更有利，但很多人就是很难做到在那种时刻去加仓。再比如我们明知道要长期投资，但当面临短期投资的大涨或大跌时，我们就是有 100 个理由告诉自己，现在要赎回产品落袋为安或避险了。这些都属于我所说的"知道了却做不到"的投资难题，从底层上看，这些难题就属于情绪管控的问题。

这些问题在美国作者迈克尔·M.庞皮恩所著的《财富管理的行为金融》一书中有过详细的介绍，该书将造成投资者投资行为偏差的原因概括成认知偏差和情感偏差两项内容。其中情感偏差对应的就是情绪管控问题。

这里，我简单提及一下投资中认知偏差的概念。所谓的认知偏差是基于错误认知进行的推理，它源于基础统计、信息处理或记忆误差，因此可以被视为错误推理的结果。当然，这些结果会导致最终偏离理性决策的行为。认知偏差又进一步分成了观念执着型偏差和信息处理型偏差，其中观念执着型偏差主要有六种类型：认知失调偏差、保守型偏差、确认型偏差、代表性偏差、控制错觉偏差和事后偏差；而信息处理型偏差主要有七种类型：锚定与调整偏差、心理账户偏差、架构偏差、可用性偏差、喜好偏差、结果偏差和近因偏差。

情感偏差是基于受感觉或情感影响的推理，源于冲动、直觉或情绪，因此它可以被视为由感性推理所致。而这种推理必然会导致投资者自发偏离理性决策的行为。

情感涉及情绪、感知，以及对某些要素、事物或它们之间关系的认知，它会在现实或想象中发挥某种作用。情感往往会导致一些无意识的生理现象，还可能导致投资者做出次优决策。人们是不愿被情感左右的，但当人们试图控制自己的情感和反应时，却常常无能为力。

常见的情感偏差可以概括成六种类型，分别是损失厌恶偏差、过度自信偏差、自控偏差、现状偏差、禀赋偏差和后悔厌恶偏差。通过了解情感偏差的六种类型，我们可以更加简单、直接地理解何为情感偏差了，因为损失厌恶、过度自信、后悔厌恶其实分别对应着我们平时经常会说到的人的恐惧与贪婪、虚荣还有侥幸的特点，而这些所谓的特点恰恰植根在我们人性底层基因里。

什么是情感偏差导致的投资行为偏差？其实就是人性中的一些特质（潜意识、无意识的一些反应）在投资行为中的折射。因为情感偏差呈现出这样的特点，因此相较于认知偏差，它更难被纠正，甚至在更多时候，对于情感偏差，有智慧的人往往是学会识别它（不同投资者的情感型偏差的真实情况是什么样的）并适应它，而不是去修正它，当然并不是完全不能被修正，只是修正的人一定要有觉察并真心想要修正，且需要一个较长的修正过程。

我们会听到这样的说法，"人性是投资当中最大的敌人，克服人性是投资当中最高的门槛""投资是一场修行""投资到了最后，都变成了一种哲学问题"。为什么投资是一场修行？为什么投资会变成一种哲学问题？因为在"克服人性"的层面上，它确实是一场修行，而这场修行不仅仅适用于投资，也同样适用于学习、工作、生活乃至我们所说的这些子集所共同组成的人生。

我们得出的结论是，投资本身就是一个认识自己，认识投资世界，然后完成匹配的过程。在这个过程中，有些人性中的特质我们是很难改变的，但这些特质又会对投资结果产生致命的影响。

那要怎么办？依靠投资者自我约束，也就是所谓的自律是很难的，专业人士的"协助"是解决这个问题的最可行的方案，而"协助"的方式主要就是"安抚""陪伴"和"按摩"。而"安抚""陪伴"和"按摩"提供的就是情绪价值，所以这个时候的情绪价值，就是在一个人的情绪管控水平不够，从而导致其风险态度与风险承受能力出现非常大的偏差时，由外力提供的一种辅助价值。这种价值发挥的核心作用就是填补一个人的情绪管控水平。

但填补一个人的情绪管控水平更多的是一种迎合和消化，而并非真正改变一个人的情绪管控水平。那么如何真正地提高一个人的情绪管控水平呢？

3. 真正提高情绪管控水平的方式

（1）"让客户买"+"安抚"+"取得大的结果"。

我曾经专门写过这样一篇文章，叫作《最好的投资者教育就是让客户买》，为什么？在亚当·费里尔的著作《如何让他买：改变消费者行为的十大策略》里，有一句让人醍醐灌顶的论断：行动改变态度，比态度改变行动要快得多。即要想改变一个人的态度，最好的方式不是一直说教，而是让他动起来。因为当行为与态度不一致时，人们就会认知失调。人有一种非常本性的惯性就是放过自己，如果没有，就会认知失调，即当你的行动和你的态度不一致的时候，你就会认知失调。认知失调了怎么办？要扭转，即要么改变行为，要么改变态度。

真正提高一个人情绪管控水平的方式就是助推购买+购买后的安抚、陪伴与按摩+修成正果取得大的收益。经过这样一个过程，我们也就真正地帮助客户提高了他们的情绪管控水平。如此，即便有一天，客户没有了我们的协助，也可以独自面对波涛汹涌的资本市场了。当你真正地陪客户一起跨越牛熊市场并取得好的投资结果后，你和客户或许早已建立起牢靠的信任关系，那时客户可能已经不愿意离开你了。

（2）投资以外知识的教育。

爱因斯坦说，"解决问题的答案往往并不在问题本身的维度上"，这句话同样适用于投资，想要修正并提高我们的情绪管控水平，最重要的还是在于平时的"修炼"。投资最需要的既不是完全没有情绪，也不是过激的极端情绪，我们修炼的目的就是达成一种更加平和、稳定的心态，尽量"涨不过喜，跌不过悲"。

如何做到？现在流行的冥想、瑜伽、打坐等都是很好的方式。

为什么它们是很好的方式呢？以冥想为例，它其实是尝试介入自己的非意识状态，与自己的快思考进行对话并尝试改变它的方式。

这个过程至少分两步，第一步是形成对话，第二步是尝试改变。在这两步中，更重要的是第一步，第二步主要是刻意练习，第一步可行的路径就是正念、内观、觉醒、冥想。

冥想的目的是让我们从潜意识层面回归到意识层面。冥想是我们和潜意识沟通的工具，也是深度反省的方法，而深度反省是促使我们心智不断成熟的关键。通过冥想，我们可以了解自己的想法、感觉、情绪、冲动，以及它们最初的来源。

当然，这些都是有形的，即"术"的层面的东西，而能够加快我们参悟的是我们"道"上的修行。

所谓"无用之用，方为大用"，因此应多读书，好读书，读好书。多读一些"无用之用"的好书，对于我们修炼心性具有巨大的好处，在这些"无用之用"的书里，国学及西方的心理学、哲学等相关的图书至关重要。

多读"无用之用"的书就是在不断地滋养我们的内心，让我们变得豁达，不再纠结，如此会发现之前司空见惯的一些发生在我们自己身上的情感偏差没了踪迹。这也是对上面所说的"解决问题的答案往往并不在问题本身的维度上"的最好的回应。

（二）安抚涉及的问题

既然我们知道"安抚"的核心是协助投资者管控情绪，那么安抚涉及哪些问题呢？

1. "安抚"频次的问题

比如，是要一天到晚对客户嘘寒问暖，还是平时不需要怎么管，只是在产品开放或新产品销售时再进行沟通？特别是在市场处于低谷时，此时应该尽量减少与客户的沟通，避免客户过多关注自己的持仓，还是更多地与客户沟通，从而让客户坚定投资呢？

对于上面的问题，你会做出何种选择？这里先不说我的观点，先和大家分享两个场景，或许大家对待这个问题就会有自己的答案了。假如，有一天你肚子不舒服，要到医院去看看。到了医院之后，医生让拍片子，在拍了片子等结果的过程中，医生一会儿跟你说别担心，一会儿跟你说别多想，最后结果出来了，拿着片子看了半天后轻声跟你说，"该吃吃，该喝喝，没啥大毛病"，还问了一句"你家人没陪你一起来吗？"不知此时你会作何感想？

另一个场景是，我们知道一个朋友病得很厉害，已经住院了，到了病房一直在找医生，希望医生马上给打止疼针，开特效药，或者要手术，结果叫天天不应，叫地地不灵，此时你又会作何感想？

或许大家已经有所感受。上面的场景很类似财富管理从业者在工作中遇到的场景，很多时候都是这样的，我们的"安抚"工作既不是越多越好，也不是越少越好。太殷切了可能会造成信息过载，甚至对客户来说会成为一种负担，而太冷淡了又不能让客户得到应有的关照。因为每个人对波动的感知和抗击能力是不一样的，这就很考验我们的安抚"手法"和"力道"。对待不同客户的安抚"手法""力道"乃至频次可能都是不一样的，我们需要因人而异，做到与客户的实际情况相匹配。至于如何匹配，就要结合你的经验和精力来安排了。比如，我们可以结合产品波动性、客户投资经验、市场波动幅度、客户投资金额、客户年龄以及投资时间等指标来制定"安抚"的频次和频率。

常规情况下越是在产品波动性较大、客户投资经验较欠缺、市场回撤幅度较大、客户投资金额较多、客户年龄偏大以及投资时间较长时，越要加强与客户的沟通和提高服务密度，让客户感受到"导航"始终在线。

2. 安抚原则的问题——关怀客户，悦纳自己

关于安抚的原则，最核心的就是八个字：关怀客户，悦纳自己。关怀客户是指关心帮助客户。悦纳自己是指在安抚客户的过程中，不能让自己太受委屈，也要注意关照自己的情绪，给自己一个发泄情绪的出口。这一点是财富管理从业者平时说得比较少的，或是不敢提的，但此刻我必须在这里郑重地提出来，因为财富管理从业者也很不容易。

以 2022 年为例，对很多理财经理而言 2022 年都是异常艰难的一年。很多之前多年维护、沉淀下来的客户因为其间反复拉锯的市场行情，以及"股债双杀"（特别是 2022 年下半年以来债券也出现了较大回撤）的最终表现而出现信任崩塌（如表 3-1 所示）。

表 3-1　公募特别是含权产品极致"黑暗"时刻（2022 年）

基金类型	上涨占比	收益			
		均值	中位数	最高	最低
股票型	2.81%	-19.93%	-20.85%	63.55%	-46.23%
混合型	8.36%	-10.81%	-10.30%	15.00%	-34.23%
指数型	3.70%	-18.91%	-20.11%	29.43%	-41.42%
行业指数	3.76%	-20.01%	-21.16%	18.05%	-42.32%
固收+	25.11%	-2.46%	-2.01%	11.22%	-26.88%
纯债	99.77%	2.33%	2.27%	4.76%	-0.22%
商品	80.00%	8.28%	7.76%	51.61%	-15.58%
货币	99.68%	1.59%	1.61%	2.02%	0.68%

数据来源：来自石榴询财的统计，2022 年的市场各类公墓产品表现

在这种情况下，我们的理财经理还要始终如一地保持职业精神，持续与客户沟通。

所以，也有很多朋友私信我们，交流自己的内心感受（如图 3-2 所示）。

图 3-2 所示的聊天内容并不是来自刚刚走上理财经理岗位的新人，而是已经在理财经理岗位上工作过多年，且现在已晋升为某股份制银行支行长的优秀

资深理财经理。所以这在一定程度上也可以说明，财富管理从业者的压力和情绪绝不是个人层面上的心理承受能力太弱的个别现象，而是一个普遍的群体现象。

图 3-2　微信聊天截图

我们为什么委屈？因为我们也会认知失调，即使我们在听了那么多的抱怨，充当了情绪的垃圾桶之后，作为一名职业的财富管理从业者，必须始终如一地微笑面对，但这对于一个有血有肉、有情绪的人来说就真的有点残酷了。

我们为什么会崩溃？其根源在于我们以为自己很坚强，但是当长期压抑的负面情绪突破心理承载阈值时，那精心构筑的意志防线终将土崩瓦解。

我们都知道"在弱市环境中，要关照客户的情绪"，只有这样，才有可能安抚好客户，陪他们一起度过艰难的时光。但是，我们每个个体的能力也是有限的，在面对大量客户的抱怨、投诉、发泄，特别是一些极端事件时，我们也在积压着情绪，在这种情况下还要强逼着自己去积极和微笑地面对。我们真的可以做到吗？实际上我们是很难做到的，情绪的弹簧一旦突破阈值，可能就再也弹不回去了。

尽管如此，我也只能非常遗憾地告诉广大的从业者，只要我们依然要面向大众投资者进行产品配置，并且配置的是净值化产品，就必然会持续不断地遇到各种各样的售后问题。不管我们是否向客户做好了产品以及市场的风险提示，也不管我们是否接受过体系化的各项售后培训，售后问题都是不可避免的。这背后更深层次的原因就是我们在面向大众投资者进行投资理财服务时，在海量的客户中，总会出现处于不同投资阶段的投资者，即便我们可以较好地解决绝大多数人的投资认知问题，也很难快速解决前面讲到的人性中的"趋利避害"和"知道却做不到"的情感偏差问题。

一个服务于大众投资者的财富管理从业者，其工作性质中就天然包含了情绪按摩这一职能，并且这一职能是大量且持续性的。这也就意味着它对于一个人的心理素质的要求极高，因为大量的情绪按摩工作其实对一个人内心能量的消耗很大，这部分职能类似于心理咨询工作。能够做好这件事的方法有两种，一种是拥有大道至简的"道"，另一种则是拥有非常纯熟的"术"。对于术，往往需要具备心理学、医学等，包括一些处理客户关系的知识和经验，如客户咨询之时与之联系，咨询之外要与之刻意保持距离，而财富管理从业者往往并不具备这些知识。

可见，财富管理工作非常不容易，因此我们一定要学会在日常的工作中调整好自己的心态，学会"悦纳自己"。具体可以怎么做？有以下三种方法，在后面的内容中我会展开和大家分享：

① 理解客户，积极暗示。

② 以退为进，对空言说。

③ 强大自我，积蓄力量。

3. 涉及"安抚"的"道"

虽然条条大路通罗马，但最终我们会发现，最好的"安抚"客户的方式却是"真实做自己"，而"真实做自己"就是前面提到的承担类似心理咨询一样的情绪按摩工作的"道"的方法。

只有真实做自己，充分表达自我，内外一致，财富管理从业者才不会觉得自己天天被拉扯，也不会觉得自己只是在迎合客户的情绪。只有"真实做自己"，理财经理才能够在关照客户的同时让自己的能量也没有失衡，这份工作才能真正做长久。而在一个行业中，一份工作做得越久，越会收获复利的价值。而只有你将一份工作持久地做下去，你也才能更好地为自己的客户创造价值。

但财富管理工作允许从业者充分表达、内外一致、勇敢地做自己吗？答案是肯定的，允许且必须。

自 2018 年开始，不管是银行，还是券商，大家都在提一件事，就是"财富管理转型"。这传递的核心意思就是行业正在从卖方模式向买方模式转变，只是转型并不是一蹴而就的，2019 年与 2020 年市场呈现出结构性牛市，让转型变成了"明修栈道、暗度陈仓"，紧接着是市场下行期，让行业自食苦果，甚至出现了信任危机。所以，在经历了长时间的市场阵痛，以及 2023 年以来的降费降佣、降本增效后，行业转型的快车道被真正开通。在行业转型期，有些机构反应快，有些机构转变得慢，不管怎样，作为行业里的有志之士，基本都需要做到先知先行。

拥有买方思维,为客户负责的财富管理从业人员的先知先行的具体做法应该是:厘清定位、建立框架、诚意正心。

(1)厘清定位。即知可为与不可为,清楚自己在服务客户的过程中究竟承担着什么样的角色,能够发挥什么样的作用。同时厘清自己的边界,搞清楚行业和岗位不具备什么样的功能,做好自己的分内之事,也做好客户的预期管理工作。

① 我们是客户投资理财道路上的导航员,不是驾驶员,客户最终能否成功到达目的地(赚到钱)靠的是驾驶员和车子的共同努力,导航员只在其中起到指引和增强安全感的作用。因此,作为财富管理从业人员,我们并没有能力保证每一位客户都能百分之百地赚到钱。

② 为了更好地发挥辅助作用,我们要扮演好三个角色:理财规划师、资产配置师和情绪按摩师。其中理财规划师是为客户制定出一条导航路线,联通起当下的起点和投资理财要实现的赚钱的目的地;资产配置师是提供前往目的地和落地的工具(产品);情绪按摩师则是协助客户在理财的崎岖道路上迂回前行,最终到达目的地(赚到钱)。

③ 我们不需要具备预判路面(市场)情况的能力,也要避免陷入这样的岔路(思维误区)而迷失自己,接下来的路会怎么样,不是我们要(能)回答的问题,我们只需要协助客户控制好"车速",系好"安全带",不管路途如何,只要选择了远方,便只需风雨兼程,即具备应对的能力就足够了。

(2)建立框架。这个框架就是在模块二中给大家讲到的十六字箴言——仓位管理、均衡配置、长期投资、动态平衡。

而这十六个字之所以有效和不被证伪,是因为其实实在在地解决了投资基金中的主要 Bug。比如,仓位管理解决了市场系统性风险的问题,均衡配置解决了市场非系统性风险的问题;长期投资解决了投资行为偏差的问题;动态平衡则解决了短期市场波动的问题。

这十六个字和我们系统研究的财富管理端的资产配置底层方法论也一脉相承，对应了"战略资产配置、战术资产配置、产品配置和动态再平衡"的方方面面，不仅适用于普通投资者，也同样适合于财富管理从业人员。

（3）诚意正心。我们常说，"自古真情留不住，唯有套路得人心"，但还有一句，"真诚是最大的套路"。这里我们所说的"诚意正心"的"诚"不是一种套路，不是一种技巧，是一种类似于本能的修炼。

"诚意正心"是中国古代四书中《大学》里的话，"欲正其心者，先诚其意"直译过来就是"有真诚的心意才能端正心思"。"诚意正心"的表现是"慎于独，诚于中，形于外"。所谓"慎独，诚中，形外"，就是"自己独处的时候也非常谨慎，对自己内心的真实想法会反应在外在的行为和形体上"。

"诚"强调的是对自己要足够诚实，即当你提出的一切问题的答案不需要告诉任何人，只需要告诉自己的时候，这个答案就是最真实的。"我现在的状态怎样？""我恐惧和焦虑的点究竟是什么？""我难受和委屈的点是什么？"我们所说的对外展示出来的真实和真诚，其实是我们内心的投射和反映，深刻理解到这一点非常重要。

如果你能够真正理解安抚的价值，明了安抚时涉及的问题，然后尝试用本能去沟通，相信你就可以形成一套自洽的方法来指导自己的日常工作。但要想有效落地，还需要掌握一些具体的方法和参考一些实际的案例。

二、关怀客户之"不留余地"和"情理交融"

（一）不留余地

关怀客户不是为了讨好客户，因为客户想要寻求安慰也是为了让自己能更平静地接受亏钱的事实。但真正能够让客户好受的还是能够赚到钱。明白了这些之后，我们应该会更加清楚，究竟该如何去安抚客户。最重要的一点就是，我们并不是为了安慰而安慰，为了安抚而安抚，我们安抚客户的目的是"迂回前进"，是为了让客户通过被安抚理解市场波动、适应波动并走过这个过程，最终赚到钱。所以，虽然有时候需要客户使用一些"残酷"的方法去面对市场，但只要我们发心向善，反而就能够取得更好的效果。对于这些残酷的方法，我称之为"杀人诛心"或"不留余地"。

这些方法的核心是"不回避，要直面"。如何"不回避"？如何"要直面"？它是对应我们习惯性的"犹抱琵琶半遮面"的沟通方式而言的，我们在面临市场调整之后经常会和客户说，"短期扰动不改中期趋势"，若再被逼着问市场究竟什么时候会涨回来，就只能回应"应该很快了"等。实际的情况是，可能我们也不知道市场什么时候能够涨回来，但我们知道的是，市场一定不会只跌不涨，长期依然会在震荡中保持上行，所以我们得"在场"，要等得起，熬得住。

所以，我们不能用过去的"边走边退"的方式来安抚客户，这种方式只可能把问题掩盖和隐藏，所以，我们才在前文中提到，我们真正要做的"不是解客户产品的套，而是解客户心里的牢"。

面对血亏的产品，以及短期内十分不明朗的环境和市场变化，我们该怎么解客户心里的牢呢？

1. 回归现实，坦诚相待

"希望"是非常美好的，但迟迟到不了的"希望"却会给人一种"狼来了"的感觉。所以，与其不断地给客户我们自己都无法确定的短期希望，还不如回归现实、直面现实，与客户坦诚相待。

我们总说，不要浪费市场每一次下跌给予我们的机会。但是我们真的理解这句话到底是什么意思吗？

当然，它可能有更积极主动的意思，那就是在市场每一次下跌时，我们需要有所作为，比如，在面对市场整体估值已经处于安全边际极高的环境中的下跌时，要么加大定投，要么按照自己可以投资的金额规划好，进行分批加仓。

假设我们已经没有更多的资金可以加仓，或在市场下跌的过程中我们真的已经丧失了信心了，此时，如果我们还说不要浪费市场下跌给予我们的机会，那么这个机会又是什么呢？

我想是这样：让我们第一次，全然地体会亏损给我们带来的感受。

这个时候的自己，是不是很焦虑、很痛苦、很后悔，很坐立不安？如果是，全然地体会这些感受，最好能够以一个旁观者的视角去全然地观察自己的这些感受，体会那种直击心扉的痛。人都是趋利避害的，我们已经被下跌折磨得痛彻心扉了，为什么还让我们去主动体会和直击这种痛苦吗？

表面上看，这样做是挺残酷的，因为在正常情况下，人不会离开自己的舒适区，不会主动打破自我保护机制，更不会将自己置于一个认知失调的状态中。但是不这样做，我们就无法走出"受伤、躲避、遗忘"的恶性循环，无法真正地帮助客户解开他们心里的牢笼。

因此，不如让我们直接面对现实：市场短期上涨的可能性是很小的，继续下跌的可能性也是很大的。

在资本市场，投资的结果未必能让我们显贵，但投资的过程必然要让我们遭罪。

你可以选择在此时此刻离开这个市场，并发誓永远也不玩了，但千万不要在未来市场涨上去之后又觉得市场有希望和机会，再次奔赴而来。经历过就会知道真正让我们亏大钱的不是抄底，而是追高……这也是为什么我说大钱都是在牛市中亏出去的。

2. 允许发作，让子弹飞

接收到的负面信息越多，我们就会越痛苦、焦虑、后悔，变得坐立不安，然后就会想要吐槽，想要骂人……

因为人都是有情绪的，因此，此时此刻，只要不犯法、也不违反道德，并且后果也在可承受范围内，就想怎么宣泄就怎么宣泄吧！

作为有七情六欲的人，情绪控制和情感偏差与我们每个人的先天基因、后天环境等都有莫大的关系，而且是循环往复的。也就是说，情绪是"可上也可下的"，并不是说修炼到一定境界之后就一直立于泰山之巅下不来了，不是这样的。

所以，有情绪想发泄，就一定不要憋着，一定要发泄出去。除了想要向外发泄的愤怒、委屈、不满等情绪，还有一种情绪，叫作"哀莫大于心死"，就是已经不想发泄了，只想要沉默，不要害怕，那就沉默吧，我们要接纳所有的自己。

3. 回归审视，重新出发

感受完了这一切，或许我们才更愿意理解和接受市场的残酷和无常，知道波动在所难免。股票背后的实质是股权和票证，股权价值随着企业经营的变化而跌宕起伏，而票证的价格则会随着人性的复杂而大起大落。

如果你没有选择转身离去，而是继续待在其中，那么结果必然是去适应它。而从最初的懵懂到其间的偏执再到此刻的坦然，或许我们又到了"看山又是山"的阶段了。

最后，"不以涨喜，不以跌悲"。或许这是一个我们很难达到的境界，一个需要持续修炼的方向，但我们在市场中的投资还可以做到"累觉还爱"，关照自己的真实感受，接纳自己的全部情绪，治愈自己，活在当下，享受当下，因为投资和人生一样，都不是一个越狱的过程，而是一个共建美好的村庄和田野的过程。

（二）情理交融

前面我们提到的"硬刚"是把"坏处说透"，是在安抚中趁机把客户的投资预期调整到一个合理的区间，但我们并不是要以一种强者的姿态去改变客户。我们要认识到，最终让客户走出情绪（包括接纳现状并坚定持有）的关键其实是客户本身，我们只是在这个过程中起到一个陪伴和辅助的作用。

陪伴和辅助的作用就是既要将问题"说透"，又要让客户能够接受，那么具体我们可以怎么做呢？我给出的答案是情理交融。

1. 先谈"情"，再说"理"

先谈"情"，再说"理"，也就是先"迎合"，再"投教"。

做投资的人都知道"黄金坑，钻石底，长期投资，逆向布局，越跌越买"，这种投资逻辑看似无比正确，但为什么当我们用这些去安抚客户的时候，却发现大抵是无效的呢？因为客户已经丧失了对市场的信心，同时可能也丧失了对我们的信任。

因为信任，所以简单。而一旦丧失了信任，所有的事情就都会变得复杂。

所以，我们要情理交融地去安抚客户，不要一上来就摆报告、列数据、画图表，先谈"情"更重要。这个"情"是我们所说的共情、同理心，但在实际操作中很多人却把它变成了"同情"。

2. 不是同情心，而是同理心

"同情心"与"同理心"虽只有一字之差，但差之毫厘，谬以千里。其实在市场极端下跌、情绪悲观到一定程度时，各大机构都会从机构层面开启对客户的安抚与按摩。

无论是大型机构，还是私人银行，给客户发的信的基调和笔触大概都是这样的，"我们始终与您一起关注着市场上的风雨变迁，理解您的每一份担忧，每一寸思虑……"，如图 3-3 所示。

虽然我们在与客户沟通时已经尝试换位思考，尝试去和客户共情，但还是没有跳脱出一个强者的姿态，这样的基调并没有体现真正的同理心。

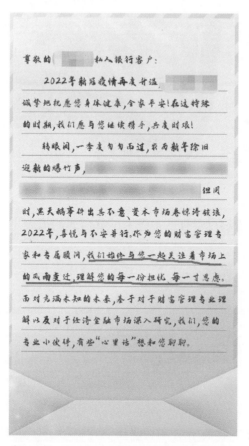

图 3-3 ××机构给投资者朋友的一封信

真正的同理心应该是，"虽然我也在经历亏损的痛苦，你的痛苦我也尝试去理解，但是我知道并没有真正的感同身受""我们每个人可能都在经历一场别人一无所知的战争""我只是想我是否可以帮助你做些什么，比如只是说说话、吐吐槽，给个拥抱或支撑……都可以"。

共情心和同情心，一个是当一个用心的倾听者和关爱者，另一个则是以一种过来人的姿态在表达"你所经历的我都懂""这些都不是事"。而只有真正的共情才能起到陪伴和辅助的作用，同情则只能起到反作用。

当然真正的共情能力，其实源于两种方式，一种是先天的能力差异，另一种是后天的刻意练习。先天的能力差异是指有的人先天就更加慈悲，孟子说，心有四端，分别为"仁义礼智"，其中"恻隐之心，仁之端也"，也就是我们每个人从生下来都会有恻隐之心，但是所呈现出的程度和强度却是有差异的。后天的刻意练习，其实是在练习一种对待他人的思维方式，这种思维方式就是换位思考，即总是尝试站在对方角度去思考问题、看待问题和解决问题。

比如，当客户浮亏，我们想要去沟通时，要做以下换位思考，尝试理解此刻客户的情绪和状态。

（1）人的情绪是客观存在的，浮亏的痛苦真的很痛。

（2）允许客户释放情绪，可以"让子弹飞得更久一些"。

（3）关注和体验当下，和客户一起记住这种痛苦的感受。

（4）充分相信这场投资博弈当中的每个人都有自愈能力，相信大家最终会与自己和解。

情理交融就是承认情绪是客观存在的，认可客户在此刻带有情绪的合理性，而非只是站在"此刻，我能为你做些什么？"的立场去和客户交流，这些都是真诚的体现。

3. 给出多种方案，而不是没办法

等客户情绪得到了安抚和平复，可以正视当下所面临的处境时，我们要做到的就是，"当客户想要解决问题的时候，你一直在他身边"。

具体该给出什么样的方案呢？是长期持有、逆势加仓还是大额定投呢？我想应该都不是，此时给出的方案应该是针对客户的类型和真实处境的个性化方案。

具体来说，一切的标准还是看客户投资的偏股型基金的仓位和自己的合理仓位相比究竟是匹配的还是低配了或是高配了。

给匹配的客户的方案建议是四个字——坚定持有。此时核心的是将客户从短期的情绪中抽离出来，规避近因效应对其投资的影响。给客户解释基于"长期投资，终局思维"的视角，创新驱动之下的中国资本市场未来十年乃至更长时间会怎样，从而给到客户操作的底气和信心。

给低配的客户的方案建议同样是四个字——下跌加仓。方案的核心是让客户区分两组重要的概念——区分波动，认知风险。

（1）区分波动：要让客户明白，波动本身只是资产的特性，是收益的副产物，用巴菲特的话说，"波动本身不是风险，本金永久性损失的可能性才是"。

（2）认知风险：真实风险和感知风险其实是不同的概念，并不是一回事。市场快速上涨，真实风险在积聚，但是客户的感知风险却在降低；市场快速下跌，真实风险在降低，但客户的感知风险却在上升。

所以，在市场真实风险释放、波动本身并不是风险的情况下，自己前期投资的权益仓位尚未达到合理仓位的情况下，要敢于逆势加仓，不断利用市场底部区域给予的加仓机会，积累更加便宜的筹码。

而高配的客户（即前期基于各种原因，已经买了比较多的客户）此刻该怎么办？给该类客户的方案建议是"部分赎回"。此刻我们最应该和客户一起做的是"审视问题，修正错误"，即在前期不该配置那么多的情况下，已经配置得太多，犯了第一个错误，此刻就不能再继续犯第二个错误了，而是应该痛定思痛，进行部分减仓，回归到合理的仓位。

4. 保持沟通，重获信任

其实人最害怕的不是一直被冷漠对待或被过于热情地对待，而是像脉冲一样被忽冷忽热地对待。因此，我们和客户的沟通，也应该是持续的，且是不冷不热的37℃的温暖陪伴。

与客户沟通有以下两点要特别注意。

（1）服务补救悖论：那些经历了冲突或服务失误，但之后问题又得以圆满解决的客户，往往会比那些最初没有遇到过任何问题的客户有更大的再次购买和同我们建立起深度关系的可能，这就是我们所说的"不打不相识"。所以，不管是因为什么原因，我们都要积极、勇敢、主动、持续地陪伴在客户身边。

（2）过程比结果重要：沟通的结果其实不重要，所以你一定不要给自己设限，也不要每一次沟通都想达成什么样的目的，要明白和客户沟通最重要的其实是过程。人不是机器，而是有感情的，在和客户沟通的过程中，你的心是怎样的客户能感知到，能让客户感知到你的真心就够了。

5. 自查流程，追求卓越

不断地重复以上的行为和方法，争取做到精益求精。所谓"功夫在诗外"，我们当下所面对的一切，有没有可能成为我们在工作中为客户提供陪伴的指导和经验呢？比如促使我们将服务中的无形转化为有形，将销售与服务进行绑定，将易逝的、可变的转化成持续的、有担保的等。这些都是我们可以去思考和应用的。

最后，我想再补充探讨一个话题，那就是"鸡汤式"的沟通方式，比如我们经常会说，"绝大多数的收益都来自于极少的时间""坚定信心保持在场很重要""基金投资是一种长期的投资行为""基金产品的收益也与持有期有着一定的正相关性"，但在碰壁之后你还会这样去和客户沟通吗？还是说，你会180°大转弯，这些"鸡汤"再也不煲了？这个问题很重要，所以针对此再单独说说我的看法。

"鸡汤"往往指的是理念，人们调侃它，戏谑使用"鸡汤"的沟通方式是因为总觉得虽然"鸡汤"说的都是大实话，但很难知行合一和有效落地。但我并不反对"煲鸡汤"，不仅不反对，而且我还提倡，因为财富管理行业本身所需要的专业技能，就是大道至简的，没必要搞得那么复杂。

只是"煲鸡汤"得讲究方法，第一，一定要让人能够听得进去，"先情后理，情理交融"就是方法。第二，一定不要漂移，而是应该始终如一，不犹豫、不怀疑。第三，要能真正落地，即不要只讲理念，要将理念落地，比如在模块二中提到的十六字箴言"仓位管理、均衡配置、长期投资、动态平衡"就是让理念落地的方式方法。

三、关怀客户之"情景回放"、"假设推演"和"赋予意义"

我们为什么会出现基金售后的问题呢？其核心在于面对产品的浮亏，投资者的认知和其投资行为处于了一种不一致的状态，如图 3-4 所示，而想要解决这个问题就需要我们将这种不一致调整成一致。

· 为什么会出现基金售后的问题呢?

▶ 因为面对产品的浮亏,投资者的**认知**和**其投资行为**处于了一种**不一致的状态**。

认知失调

社会心理学家利昂·费斯廷格在1956年首次于其著作《当预言失灵》中提出了"认知失调"理论:当一个人面对**态度和行为**不协调的时候,他会采取一些行动消除这种不协调,可能是改变态度或者是调整行为

客户认为他的基金应该涨,因为别的基金都在涨。但是事实他持有的没有涨,这种认知偏差就会促使客户有新的行动

■ **改变认知**
是我们在市场下跌,产品亏损之后会第一时间想要去做的

■ **改变行为**
应尽量选择一种更加平滑的、温和的、让投资者情绪释放的行为方式来让其认知和行为达成一致

■ **增强行为与态度协调性**
情景回放
假设推理

■ **赋予行为全新的意义**
赋予意义

图 3-4 基金售后问题出现的原因

当出现基金售后问题时应如何调整呢?核心是四种策略(如表 3-2 所示)。

表 3-2 调整基金售后问题的四种策略

序号	策略
1	改变认知
2	改变行为
3	增加行为与态度协调性
4	赋予行为全新的意义

在正常情况下,客户在出现产品浮亏且到达一定阈值后,让自己的认知和行为保持一致的方式往往是直接选择第二种调整策略——"改变行为",即直接以"赎回认亏出局"的方式来解决,而此时对应的认知则是"股市里都是骗人的,买基金也都是赚不到钱的,以后再也不来了"……而抱着这种想法的客户如果真的能够再也不参与市场投资,那也不乏是一种认知协调并认清自己后做出的合理选择,只是事实上绝大多数客户会在市场未来再一次疯狂之时"好了伤疤忘了疼",一边喊着"真香啊",一边跑步进场,从而再一次失败,周而复始,循环往复。

所以，即便是选择"改变行为"，作为财富管理从业人员也要尽量避免类似这种极端行为偏差的出现，而应选择一种能够让投资者情绪更加平静、温和释放的行为方式来使其认知和行为达成一致。

而当市场下跌、产品亏损之后，作为财富管理从业人员的我们第一时间想要去做的就是改变客户的认知，这时，我们往往会用各种数据、图表来佐证当前市场的安全边际和投资性价比，强调"黄金坑、钻石底"以及长期投资、逆势布局的价值和意义，以期让客户改变想法，使其认知和行为达成一致，不再认知失调。

其实，前面已经分享过，在这里一上来就讲基金售后问题的调整策略并不合适，因为核心和最基础的事情我们尚未解决，那就是客户对待市场的信仰问题和对机构及为其服务的机构中个人的信任问题。若没有信任，那么表 3-2 讲的这几种策略，尤其是第一种改变认知策略只会让客户感觉是机构及其从业人员在别有用心地"忽悠"，以及继续赚取他们手续费和管理费的手段。

这一节，我们重点要讲的是改变认知失调的三种方法，如表 3-3 所示。

表 3-3　改变认知失调的三种方法

序号	方法
1	情景回放
2	假设推理
3	赋予意义

下面，我们分别具体来说一说，如何通过这三种方法解决基金售后问题。

（一）情景回放

所谓的情景回放，是指回到当初客户购买产品沟通时的场景当中去，即当时客户愿意买产品时的认知和行为应该是一致的，否则这样的购买行为就不会发生。

将客户带回当初购买产品时的情景，我们可以这样说："您还记得吗？当初您购买产品时，我们也问到您能够承受的最大浮亏的情况，您说可以接受市场本身正常范围的波动，甚至能接受超越正常范围的波动，当时我们提到在极端历史情况下偏股型基金也出现过一年平均跌幅达到 50%以上的情况，您当时也说可以承受。"

"我说过吗？""我没说过！""我不记得了！""不要和我说过去，我们现在说的是现在！"客户为什么会有这样的反应和反馈呢？是客户刻意撒谎吗？其实也不是，而是我们每个人的记忆都是带有滤镜的，很多时候人们只会记住对自己更有利和自己感兴趣的事情，于自己不利或自己不感兴趣的事情，人们往往会选择性忽略或者逃避。

所以，为了场景回放的有效性和为后续可能出现的售后问题提供应对之策，在卖出产品后我们可以这样做：于卖出产品的当晚，给客户发一对一的私信。

私信的核心内容是将客户白天购买产品时与客户沟通的重点信息再同步一遍，将产品关键信息、中长期收益预期和可能的风险等都写进去。那么这样做的目的是什么呢？

首先，这种行为本身就是一种服务，客户不仅不会反感，反而还会感受到我们的用心和偏爱；其次，这种行为其实也是一种留痕，加深客户对做出的"承诺"的印象，即承诺与一致。

当这条信息被客户收到并回复"收到，谢谢，用心了！""已知悉，感谢"等肯定的答复后，其实在客户的内心深处已经埋下了"承诺的种子"，后续如果市场真的出现动荡，客户想要过来理论或沟通的动机就会少一层，而即便真的过来沟通，记忆滤镜的影响也会更加有限。

如果在卖完产品的当晚，我们没有给客户发送这样的提示私信怎么办？或是购买产品的客户太多，一个个发私信有点力不从心怎么办？抑或是当时为了销售产品，确实有些风险提示的话没有说得太到位怎么办？别着急，办法还是有的。

我们可以事后补位，即在做完单只产品的销售和开启下一只产品销售之前，尽量给自己留一个空档期。这个空档期干什么呢？筹划和举办一场或多场没有太多产品销售导向的投教沙龙！如果有可能，我们可以将其做成一个持续的、有影响力的品牌沙龙活动，比如××支行私享会、××支行知识分享会员日、××支行飞鹰俱乐部等。

在沙龙活动上讲什么？可以讲你平时卖产品没说透的投教话题，比如资产的特性，收益与风险的表现，长期的价值，股债搭配仓位管理的意义，战术调整的依据和动态再平衡的标准……最关键的是，在讲完这些之后，记得发起一个投资操作倡议，投资操作建议书如图 3-5 所示。

投资操作建议书

感谢您在前期选择在我们的建议下开启自己的基金投资，接下来我承诺，我一定会帮助你做好财富管理端的资产配置的执行，其中涉及战略确认、战术调整、产品选择和动态平衡都将按照规则有理有据，在未来的市场变化过程中，除非符合相应标准，否则我们将不会进行操作的建议。同时我也希望您在未来的产品的买卖过程中，能够咨询我们的意见。

建议人： 接受人：

图 3-5 投资操作建议书

总之，情景回放的目的就是让客户达成"承诺与一致"，从而尽可能地避免当市场发生极端事件，比如急跌、陡跌后的售后问题升级以及做出错误的投资行为等。

（二）假设推演

所谓的假设推演，就是假设我们再回到当时向客户推销产品的时候，问问自己还会不会像当初那样去推荐。请注意，假设推演的前提是建立在我们没有事后预判能力的基础上的。

比如，回到过去，在市场 3500 点、3700 点的时候，我们还会不会推荐客户购买基金？对于绝大多数的客户而言，可能我们依然会给出肯定的答案。

因为在当时的市场环境下，并不存在市场整体估值虚高、泡沫剧烈的情况；那时一些黑天鹅事件也没有出现，市场的情绪也完全谈不上脆弱。

所以，在这种情况下，基于"长期投资、股债搭配、均衡配置"的逻辑为投资者配置绩优基金经理的产品，依然是合理的。

把这个逻辑说给客户听，虽然无法改变现在账户浮亏的现状，但可以让客户感受到我们一以贯之的原则和态度。

此时的话术可参考："当前的市场出现如此快速的跌宕下行，确实是始料未及的。回头看，或许我们都会说，早知道我就××了，但非常可惜和遗憾的是有钱难买早知道。正因为如此，如果再给我们一次回到当初给您推荐产品的时候，我们可能还会基于当时的市场背景和投资原则，做出××的配置建议，而正是因为如此，在当时的环境中，我自身也买了不少产品……"

是不是这样就可以了呢？之前我们讲和客户的沟通要先"情"后"理"，情理交融。显然上面的话术还是略显冰冷和缺少温度的，这个时候我们就需要为客户找补回来一些。如何找补呢？可以这样说："虽然有钱难买早知道，但正是经过这一次的市场骤跌和快跌，也再一次给了我们经验教训，那就是市场是一个从来不缺少意外的地方。市场也是一个黑天鹅和灰犀牛频发的地方，既然很难做好预测，那就让我们把市场的各种可能的极端情形都提前想到，然后做好针对性的应对。而应对的方法有两个：事情发生之前的应对策略是仓位管理；事情发生之后的应对策略是避免错误的投资行为。所以这也是为什么我们极力建议您一定要坚守，不要急着杀跌、频繁买卖。"

小结：假设推演是让客户感受到我们的立场与态度的方法，也是重获客户信任的一种方式。但请注意，上面已经说了这种推演可能适合绝大多数客户；但并不适合全部客户。如果我们在前期推介时，没有加以限制，也没有基于"仓位管理（股债搭配）和均衡配置"而让客户买入了太多，并且已买的产品的风格和客户已有持仓的类似或雷同，那么此时我们最该做的就是"审视问题，修正错误"，大胆承认之前的失误，用服务补救的方式避免二次犯错，让客户赎回部分资金以回到更加适合他的投资比例。

（三）赋予意义

前面，我们讲到美国圣塔克拉拉大学金融学教授迈尔·斯塔特曼在其著作《行为金融学通识》一书中提出了投资者通过投资其实可以收获三类回报，这三类回报分别是功能性、表达性和情感性的回报。

功能性回报很容易理解，就是赚钱，实现财富的保值与增值。但是当功能性回报的外部积分卡和内部积分卡短期不匹配，即短期的价格和价值严重背离，使得投资者无法获得功能性回报时，投资者又该如何安放自己的投资呢？

此时应让想法适当迁移，多想一想投资除了能够实现的功能性回报以外的其他回报，也是让认知与行为保持一致、避免认知失调的好的方式方法。

1. 表达性回报

投资从来就是一场孤独的旅行，也注定是一场无限的游戏。

所以，当我们真的顶住了外界的噪声，在众人普遍的恐慌情绪中保持了一种定力时，其背后其实体现了一种"孤勇者"的个性，就像歌词里唱的那样，"谁说只有在光里的才是英雄？"其实每一个市场的参与者，都是自己的超级英雄。

而另一方面，我们每个人的投资行为本身也是一种价值观的折射和坚守，面对投资困境是选择迎难而上还是当一只鸵鸟把头埋在沙子里，是选择锤炼和修炼自己的内心还是逃避出局？行为不同，得到的回报完全不同。

投资因为离金钱最近，所以同样它离人性也最近。如果我们将投资过程中的修心，以及促使自身内心变得强大也当作一种收获和成长，其实在结果（赚钱）呈现之前，我们就已经获得了很多。正如儒家所说的"无所为而为之"，也就是"不为了结果而去做事"，为什么"可以不为了结果而去做事"呢？因为做事情的意义和价值在过程中已经有所体现和获得了。

2. 情感性回报

我们可以从两个维度来理解投资中的情感性回报。

（1）情感的平移。

陪伴是最长情的告白，而定投是最长期的陪伴！

投资，可以为了自己，也可以为了家人。当我们赋予了投资的每笔资金以情感的意义之后，可能我们就不会那么关注和在意短期的涨跌了。

我们以定投为例，其实我们每个人都可以做至少四份定投，给自己做一份定投，为了自己的那颗自由之心，可取名为"自由定投"；为自己的爱人做一份定投，可取名为"爱心定投"；为自己的孩子做一份定投，可取名为"关心定投"；为自己的父母做一份定投，可取名为"孝心定投"。

对于每一份定投的扣款时间、扣款金额我们都可以找到特殊的字符，赋予这些数字全新的意义。比如扣款的时间我们可以选择生日的日期，扣款的金额给爱人的可以是"1314"，给孩子的可以是"610"，给父母的可以是"990"等。

这样，我们的每一笔投资投的都不再是简单的钱，而是沉甸甸的爱。我们通过投资得到的满足，也会更加充盈和幸福。

以上对应的沟通话术可以参考的是："其实投资从来不容易，因为没有哪一个市场或哪一类产品能够一蹴而就地让我们每时每刻获利，特别是资本市场更加波谲云诡，跌宕起伏。但反过来想，这或许也才是投资充满魅力的原因吧。我之前看到 xx 教授写过的著作中有这样的论断，我觉得还挺贴切的：关于投资，我们能获得的其实有三种回报，分别是……"

（2）独特的疗愈和陪伴。

刘润在其 2023 年年度演讲中讲到"情绪生长"和"情绪价值"时，将"情绪价值"总结成疗愈、陪伴和优越三种价值。所谓的疗愈和陪伴价值，主要是通过社会认同来提供安全感和情感共鸣的；而优越价值则主要通过投资过程中的独特价值观及其表达来彰显（也就是上面提到的投资中的表达性回报）。从这个角度来说，财富管理从业人员完全可以通过提供"疗愈价值"和"陪伴价值"来让投资者获得投资的情感性回报。

那么在财富管理中如何提供这种疗愈和陪伴的价值呢？

①落实在平时的沟通和交流中，特别是一些关键时刻（MOT）的情理交融。

②为客户营造大环境之外的小圈子，让客户拥有更多的安全感。

四、悦纳自己之"积极暗示"、"对空言说"和"积蓄力量"

我记得在 2018 年年底我们延续了之前的传统，以"巴蜀养基场"的名义举办了一场规模浩大的公益年会，在年会现场一位分享嘉宾以"成为更加珍贵的自己"为题做了分享，她的这次分享是与"成为更好的自己"做对比的，两者虽然有些许的差异，但都体现了"悦纳自己"的内涵。

什么是"悦纳"？怎样才能体现"悦纳"？所谓"悦纳"首先是"纳"，"纳"就是接纳，接纳自己只是一个普通人，接纳自己的不完美，接纳我们都会有七情六欲，接纳我们遇事可能都会有情绪。其次是"悦"，即喜悦，即在接纳之后我们并不消极，而是告诉自己，我是独立的自己，可以成为不一样的烟火，基于此再在立足自己现状的情况下淡定前行，不和任何人进行比较。我也可以奋斗和进步，但不是基于对自己现状的一种不满和嫌弃，而是在接纳现状的情况下做出的正向选择。

有了这样的想法，在面临一些棘手的工作与生活问题时，我们就能更加敢于直面，而如果情况确实非常极端，在我们竭尽全力之后依然无法很好地解决，那也不必强求，更无须怀疑自己，所谓"因上努力，果上随缘""但行好事，莫问前程"。之前，我特别喜欢去研究一些财富管理从业人员在工作中遇到的极端事件和疑难杂症，觉得只有把这些问题都解决好了，才发挥出了作为一个介入者的更好的功效，但之后，我渐渐领悟到，其实并不需要这样，有些问题可能本身就无解，因此我们也没有必要将自己的精力和时间都投注在这样的事件上，遇到这种事件最好的方式就是回归常识，把握初心，做好自己该做的事。

这里给大家准备了三个在安抚客户过程中悦纳自己的技巧，分别是"积极暗示""对空言说"和"积蓄力量"，下面我们分别进行详细介绍。

（一）积极暗示

当我们和客户沟通时，虽然知道人的情绪是客观存在的，但是用这种理性的暗示去警戒自己，往往并不能在场景之下马上发挥作用，因为在激烈的情绪和冲撞之下，率先启动的是我们的系统一，也就是情绪脑。

那怎么办呢？在回答这个问题之前，我想讲一个小故事。这个故事的主人公是一个少女，她非常想去意大利旅行，为了能够如愿，她努力攒钱并做了非常详细的攻略，终于有一天她攒够了去意大利旅行的钱，也如愿买到了去意大利佛罗伦萨的机票，一番舟车劳顿之后，飞机终于落地，当她拖着自己的行李箱愉快地走出机场时，工作人员很热情地和她说了一句"Welcome to Netherlands"（欢迎来到荷兰），这让她瞬间呆住：我是要去意大利的呀，怎么到荷兰了？

这个时候，如果是你，你会作何反应？你会不会马上情绪冲上大脑，找到工作人员去理论一番？或许你会那么做，但当时这个故事的主人公只是转念一想，便说出了一句咒语，而这句咒语令她瞬间心情大好，你知道她说的是哪句咒语吗？

这里我们先卖个关子，再来讲另外一个故事。

这个故事是关于《无人知晓》的音频节目的，其中有一期叫作《投资者的收益由投资者和基金经理共同创造》。之所以提及这期节目，是因为在录制它的过程中发生了一个小插曲：当时主持人和基金经理酣畅淋漓地聊了近两个小时，至节目接近尾声要和听众们说再见之际，负责这期节目录制任务的助理突然无助地告诉主持人，刚刚聊了那么久的节目因为他的失误忘记按录音键，所有的内容都没有录上。面对这个情形，如果你是节目主持人，听到这个消息后，你会做出什么举动？这个节目主持人和上一个故事中的女主人公一样，说出了那句咒语，然后他主动和基金经理道歉，非常诚恳地征求他的意见，问："我们能否再录一遍呢？"

当然，基金经理答应了他的请求，他们又一起录制了一遍，而就是在这一遍中，他们不仅把刚才聊过的话题又聊了一遍，而且很多内容聊得还更深刻了，而那期节目的标题《投资者的收益是由投资者和基金经理共同创造的》也是在重新录制的过程中诞生的。

写到这里，我想大家都已经很迫不及待地想知道这句神奇的咒语到底是什么了。咒语其实很简单，就是"It's OK!"当然伴随着这句咒语，我们再做一个深呼吸或腹式呼吸就更好了。

这么简单吗？是的，就这么简单，但简单的背后却蕴含着深刻的道理。

● 当我们刻意练习，深呼吸和说出这句话的时候，我们的反思系统被唤醒了。

● 深呼吸或腹式呼吸时会增加我们体内的含氧量，而体内含氧量的增加会调节我们的情绪中枢（杏仁核）的变化速度，也就是对我们的情绪有抑制和调节作用。

● "It's OK!"这句咒语来自一本畅销的心理疗养书《也许你该找个人聊一聊》，这本书的作者以深切的关爱之姿和温柔之笔，记录了现实中一个个真实的被疗愈的任务案例，向人们展示了心理治愈和改变的伟大力量，因此，出自这本充满疗愈能量的书中的一句咒语，也同样有着巨大的积极和改变的力量。

人世间的很多观念，都是一念天堂，一念地狱。不要以为我们只是在默默地消化情绪，其实在消化情绪的过程中我们也在创造"天堂"。就如同第二个故事那样，虽然面对失误，大家的第一反应都是很不情愿的，甚至有些烦躁，想要发泄,但是在积极应对之后,却收获了第一次失误时所没有的惊喜和美妙。

所以,"悦纳自己"第一步要做的就是"积极暗示",学会主动拥抱正向的念头,并保持刻意练习,以达到既关怀客户,又悦纳自己的效果。

(二)对空言说

"对空言说"是把让自己委屈的情绪、憋着不敢说的话,换一种技巧和表达方式说出去。通常表达分三种状态:①像一个记者一样充分调动氛围,主动寻找各类话题的表达方式;②独一无二的告白,即一种完全的自我表达,自说自话;③场景化表达方式,比如一对一当面沟通或一对多的演讲等。

而"对空言说"则是介于②和③之间的一种表达方式,其并非只是沉浸在自己的世界里进行自我表达,一定程度上还兼顾了场景里的人的需求,这样的表达方式不容易让接受方反感。

举个例子,大家一定都看到过一些很火的知识分享类的短视频,这些短视频往往是知识博主线下培训或分享时的录像截图或与周边对象分享的片段,但是他们讲的内容却让你很有共鸣,因此你不但听进去了,还顺手关注了。这便是"对空言说","对空言说"中的说者和听者都没有太大的压力。

所以在投资中,既想要客户能够接收到我们传递的信息,又不想只是刻意地逢迎客户,委屈了自己,就可以用"对空言说"的方式来进行说教或表达,这里给大家举一个例子,大家可以感受一下。

"市场下跌,我也非常不好受,一方面自己的账户也损失惨重,另一方面我的客户也都浮亏严重。所以,我特别理解大家会有情绪,这是一个人的正常反应。别说您,就连我也有情绪,因为我面对的是和您有一样情绪的上百个客户,所以有时候可能我也会存在一些情绪。但是,我知道,我的工作性质决定了我不能表现我的情绪。同时，我的理性和我所学的专业也告诉我，越是这个时候，越要守好自己想要频繁操作的双手和无处安放的心，以免做出一些错误的投资行为。我想，这就是我的真实体会，现在我把这些体会分享给您！"

以把情绪说出来的方式来表达和消化情绪，并且在说的时候没有那么刻意，夹杂着一种似游离又似在和客户对谈的感觉，客户就更容易接受，并且也更容易达成共识。

（三）积蓄力量

其实，说一千道一万，真正能够让自己在面对外界一切非议和艰难挫折时，跨越过去的核心还是不断地锤炼自己，让自己具备强大的内心。所谓穷且志坚，不坠青云之志；所谓有志者，事竟成，破釜沉舟，百二秦关终归楚；所谓苦心人，天不负，卧薪尝胆三千越甲可吞吴。这种内心的力量能够让我们在面对极大的不确定性时，逆风翻盘，向阳而生。

这种力量可能是一种对目标的永不放弃，对自我要求的永不妥协，更是一种"任尔东西南北风，我自岿然不动"的毅力和决心；这种力量可能是一种韧性，上善若水，能势利导，面对困难能够持续想出办法并执行；这种力量更可能是一种时时刻刻需要做的选择，这种选择需要我们不随大溜，不人云亦云，而是跟随自己内心的声音，看似毫不经意，实则波涛汹涌。

那这种内心力量的来源究竟是什么？可能是名人警句，可能是听过的、看过的，乃至发生在自己身边的励志故事，更可能是不服输、不低头、不甘心的种种过往所带来的劲头。

而除了以上，其实还有一种，那就是人的内心本来就充满能量，只是需要我们激发它。我们每个人的内心本来就充满了能量，只是我们需要"明明德"，需要"止于至善"，需要"反求诸己"。然后在"行"上去落实，一直达到最后在面对各种复杂局面时下意识地就会做出"致良知"的反应，而不是遇事再"充气"、再挣扎、再博弈，所谓"常打气的胎本身就不是好胎，好胎不用常打气"。

有了这样修身修心修性的标准，再加上前面提到的"名言警句""励志故事""一股劲头""迷则行醒事，明则择事而行"的方法论，以及跨越生活和工作中的不确定性足矣。

五、案例篇：固收类基金（含净值化理财）和"固收+"产品如何安抚

（一）如何应对固收类基金（含净值化理财）的浮亏

客户之所以感到固收类基金（含净值化理财）浮亏难熬，是因为其主要关注的是账户亏损金额，而不仅仅是亏损率。

客户投资的收益/亏损=投入本金×产品的收益率，对于低风险产品，往往客户投入的本金更多，所以哪怕只是回撤 1%或 2%，其实际产生的亏损也往往会更大。

这是真实亏损给客户带来的不适和恐慌焦虑，当然还有另外一方面，即让客户缺乏安全感。

很早以前陈佩斯与朱时茂曾演过一个小品，叫《主角与配角》，其中有句经典台词："长成我这样的叛变革命也就算了，没想到，像你这样浓眉大眼的也叛变革命了。"

一句"没想到"道尽了玄机，即因为万万没想到的事情发生了，直接导致对后续失去了信心，没有了安全感。

而在投资中大家为什么会"没想到",会回撤和浮亏呢?其实还是经历得少,所谓低风险并不代表没有风险,低波动也不代表没有波动。

市场是最好的老师,不仅是对客户而言,对理财经理也是如此。

其实在从业经历中,如果我们至少经历过一次回撤,那么再经历回撤时可能就不会太难熬和慌乱了。

只有自己经历过真正的产品回撤,我们才能知道客户经历时会是什么反应,也才会知道一说再说的资产配置方法论的用途在哪里,从而才会从根本上重视和接受资产配置的理念和方法,并加以实践应用,最终通过其持续稳定地赚到钱。这就是我所说的资产配置的四重境界或四个阶段,如图 3-6 所示。

图 3-6　资产配置的四重境界或四个阶段

这里介绍一下 2016 年 10 月债券市场遭遇的重创,从 2016 年 10 月份开始,债券市场出现了一波非常大的调整,即使说这波调整创造了"历史之最"也不为过,因为这波调整达到了 4.32%(中证综合债净价指数)的跌幅。在此之前很多客户以及部分银行的理财经理都是把债券型基金当成无风险的产品进行投资的,基本上把全部可投资金都投进去了。而定期开放债券型基金可以设置200%的杠杆,同样,跌幅也能扩大到原来的两倍。而如果是分级债券基金 B份额(2016 年还有分级债基,现在已经没有了),则会亏损更加严重。总之,就是债券型基金整体资产下降了 10%～20%的水平，这对很多家庭来说都是不可承受之重。

但如果这些客户在购买债券型基金的同时也购买了一些股票型基金，哪怕只有整体投资资金的 20%（根据《南方日报》报道的数据，所有股票基金在 2017 年的平均收益率达到了 17%），整体情况也会得到很大的改善，甚至绝大部分投资者会实现正收益。

其实，2022 年的调整又何尝不是呢？如果投资者买的不仅仅是净值化理财产品，还有二级债基或"固收+"产品，或是在买债基的同时配置了股票型基金，那么即便债市在 2022 年 10 月出现了不小的调整，股票市场逆势从 2900 点上涨到 3100 点的可喜趋势也会令他们的体感好很多，从而心也就没那么慌了。

所谓有钱难买"早知道"。其实对投资者来说，投资市场就没有哪种资产是绝对好的或绝对不好的，而资产配置的好处往往是在事后才体会到的，投资永远不怕晚，下一次，你要怎么办也就不言自明了。

说了这么多，针对已经出现的亏损到底该如何应对呢？建议采取以下三种策略来应对。

（1）已经没钱加仓，对待风险的态度极度厌恶，则别折腾，抗住就是胜利。

时间是一副良药，它会冲淡一切，也会收复失地。

当然，之所以有这样的底气，是因为明白债券收益的本质是票息（债券发行的票面利息），因此它并不会随市场利率的波动而发生任何改变，发生变化的只是已买债券的短期价格而已。所以短期的回撤真的只叫回撤，坚定持有一定会回来。

当然，如果买的纯债类产品的底层资产出现"暴雷"（表现为单日突然出现 1 个点以上的暴跌），则需要我们迅速发现并马上斩仓，因为资产本身出现了状况是无法迎来均值回归的。而想要尽可能地避免买到可能"暴雷"的纯债基金也是有技巧的，那就是参考 FOF 产品持仓，优选更多 FOF 产品购买的纯债基金，这些经过众多机构优中优选的产品往往更能经受住信用风险的考验。

（2）还有增量资金可以加仓，对待风险的态度是厌恶或中性的，则可以考虑增配"固收+"产品。

"固收+"产品的本质就是一站式的资产配置工具，所以它是非常好的从纯债类配置进阶到专业资产配置的中间选择。

因此，除单一产品外，还可以关注一些"固收+"策略的组合。

在债市调整之前，其实很多客户乃至理财经理可能都会困惑于这样的问题，那就是"固收+"产品的收益有时候还不如固收类产品。但在债市经过调整后，无疑就给了配置"固收+"逻辑根本上的回应，因此我们或许可以得出结论"鹰有时候比鸡飞得低，但鸡永远无法飞到鹰那么高"。

这里的"鹰"就是"固收+"产品，这里的"鸡"就是固收类产品（债券基金或净值化理财），其中的道理大家可以好好体会。

（3）对待风险的态度是喜好的，即使无增量资金，也可以考虑向专业化资产配置迈进。

2022 年的债市风波，让我们知道没有所谓的 100%的无风险和保本/保收益，我们应该追求的是从稳赚到性价比最高。所以，眼下即使没有增量资金，根据自己的风险承受能力赎回部分中长久期纯债基金转配股票/混合型基金的时机也到了。

客户的风险态度不等同于客户的风险承受能力，财富管理行业从业人员可根据自己长期与客户的接触来综合判断客户的风险态度、风险承受能力以及由两者共同决定的风险偏好。

（二）如何应对前期体验不佳的"固收+"产品

"固收+"产品市场在股市分化、持续跌宕的背景下依然迎来了整体规模的跃升，但不管是对从业者还是投资者而言，很多"固收+"产品的表现都不太尽如人意。

这种不尽如人意主要体现在两个方面：一方面是投资者还是会习惯性地将"固收+"产品和净值化理财产品进行比较，新买的一些"固收+"产品的表现还比不上银行净值化理财产品的表现；另一方面是在"固收+"产品之中，我们也总能找到在当前这种行情下表现还不错的"固收+"产品。

面对这种情形，我想大家的疑问可能集中在以下两个方面。

（1）究竟还要不要继续卖"固收+"产品？

（2）如果卖，面对前期销售的存量，我们又该如何面对和应对？

我之前写过一篇传播还算比较广泛的文章，文章题目是《持续卖爆的"固收+"，究竟是在卖什么》，其中主要提出了以下三个观点。

（1）"固收+"不是在卖存量，而是在卖增量。

（2）"固收+"不只是在卖"固收+"，也在卖"权益－"。

（3）"固收+"不是在卖"进可攻，退可守"，而是在卖"进可守，退可攻"。

首先在《关于规范金融机构资产管理业务的指导意见》打破刚性兑付（简称刚兑）之后，纯固收产品底层资产所呈现出的"0/1"风险特性，让我们不能只给客户配置纯固收产品，这是卖"固收+"产品的推力。

其次权益市场在"房住不炒"、资本市场注册制改革等基本政策的完善之下所孕育的巨大机会，让我们有了给客户配置权益资产的需要，这是卖"固收+"产品的拉力。

最后理想和现实之间有一道鸿沟，市场的波动是客观存在的，想要让客户真实跨越这道鸿沟，就只能逐步增加权益资产的投资比例，而不能迈太大步子，这是卖"固收+"产品的现实执行力。

明白了关于"固收+"产品的这些情况后，你就应该知道，"固收+"产品是一定要卖的，而且要持续不断地加大力度去拓展销售，让"固收+"产品和定投成为我们拓展新基民的最有利武器。千万不能因为前期卖的产品出现了一些波折，就因噎废食，退回到卖理财产品的老路上去。

前期卖过的存量"固收+"产品有些是有持有期的，可能没多长时间就要到期了，或有些持有的时间也不短了，体验不是很好，我们又该如何面对和应对呢？

对此，我们可以按照"为什么""是什么""怎么办"的逻辑进行预先沟通和售后的处理，如果处理得当，则可能还会带来意想不到的惊喜。

1. 为什么会存在"固收+"的售后问题

（1）因为情感偏差。投资者觉得自己"吃亏"了（在市场不好时，投资者会倾向于将自己的投资与理财产品、存款等进行比较，从而觉得自己吃亏了），背后是投资锚定选择的基准出现了情感偏差。

（2）因为认知偏差。多数买"固收+"产品的投资者都是从理财产品客户转过来的，在感受波动、适应波动、理解波动甚至喜欢上波动上尚处于比较前期的阶段，出现了认知偏差。

2. 真实的"固收+"是什么样的

（1）"固收+"策略的核心就是以债券资产构建安全垫，靠权益资产等增厚收益。从中长期来看，该类策略会显著优于单一债类资产的投资表现，但如果遇短期权益市场表现不佳，则对产品短期净值会造成拖累。

（2）"固收+"的股债 1/9 中枢策略。非常适合理财腾挪客户作为第一阶段适应市场波动持有。

（3）评判一只"固收+"产品要不要继续持有，除了中间的净值表现外，还要看投资期间有没有出现风格漂移，比如其股债中枢是否在较短时间内持续出现较大（20%及以上仓位）调整，或基金经理是否更换或公司管理层、股东是否发生变更等情形。

3. 面临这种情况我们该"怎么办"

（1）先情后理，情理交融。比如可以这样说，"面对购买的'固收+'产品出现这样的回撤，我想你的心情一定很糟糕/其实我也买了很多'固收+'产品，表现也不是很好，但即便如此，可能也没人能真正做到感同身受，此时此刻我能帮你做点什么吗"。

（2）转换时空，改变锚定。

①转换时空："鹰有时候会比鸡飞得低，但鸡永远没有鹰飞得高。"客户不是在弱市环境中与理财产品、存款等作比较从而觉得自己"吃亏"了吗？这时，我们就要用形象化的比喻，将一个即期的比较变成一个持续的比较，比如在上面这个比喻中，无疑"固收+"产品就是"老鹰"，而其他产品就是"鸡"。

②改变锚定：比如可以这样说，"虽然我们购买的'固收+'产品出现了3%～4%的回撤，最主要的原因是今年整体股票市场都在下跌和震荡，到目前为止，市场主流指数的普遍跌幅都在15%左右，而偏股型基金指数的跌幅还要

更大一些。正是因为一开始就考虑到我们所处的投资阶段,所以做了仓位管理,主要是进行了'固收+'产品的配置,所以面对今年比较极致(极端)的行情,也还能进退有据,更好地应对"。

(3)综合分析,给出建议。此时可以重点讲解"固收+"产品的趋势和形式,以及"真实的'固收+'产品包括什么样"的内容,再结合所持有产品本身是否存在风格漂移,基金经理是否更换或公司管理层、股东是否发生变更等情形的判断。如均未有问题,则给出是否"继续持有"的建议。若继续持有,则再结合现有仓位的匹配情况,给出"继续购买"的建议。

另外,在初步进行沟通后,不管客户情绪和反馈如何,都要在后续持续沟通。人都是有情感的,服务和营销也都是一个长期的过程,我们要做的就是提供真诚+专业的持续服务,客户的内心也会有对比。

要记住以下两点。

(1)客户不满意的并不是产品本身,而是我们对待问题的态度。

(2)服务营销里有一个"服务补救悖论",指的是在出现产品问题或服务失误后给客户进行服务补救,可能会让客户更有忠诚度。

六、案例篇:如何安抚购买偏股型产品的客户

(一)当客户被套牢,诊断后发现产品也很差时如何与客户沟通

首先要界定一下场景,何为"客户被套牢,诊断后产品也很差"?

所谓的被套牢,是指客户至少在一只产品中亏损30%及以上的情况,而产品很差不仅仅是指产品的业绩(短中长期,特别是中长期)不佳,还包括基金经理的投资逻辑可能也很混乱,投资风格存在严重漂移等。

如果客户购买的产品出现了 30% 以上的浮亏，但产品本身并不存在其他严重问题（基金经理风格不存在严重漂移、中长期业绩尚可圈可点、管理规模也未超过其管理半径），此时理财经理往往是敢于和愿于与客户打交道、做沟通的，因为我们会觉得责任并不在于我们推荐的产品不好，而是由市场因素造成的，所以内心的压力没有那么大，在覆巢之下客户虽然也有情绪，但接受度会高很多，此时给出的建议往往是坚定持有，越跌越买。

但当出现产品发生 30% 以上的浮亏，且诊断出产品也很差的情况时，我们通常会自觉很难面对，往往采取一种回避的方式来处理，比如拖字诀或眼不见为净，直到客户找上门来，很难再继续拖下去时才被动应对。

其实大可不必，面对此种情况，更为负责的方式和态度恰恰是直面压力，主动沟通，只是在沟通之前，要想明白以下三件事。

（1）基金投资本身就是一个组合管理，谁也无法保证优选的每一只产品未来一定都尽如人意，表现持续优异。所以需要持续不断地动态优选，整体要有一个"优选补入，末位淘汰"的过程，这是正常且合理的。

（2）记住服务补救悖论，客户在意的不仅仅是自己所购买的产品的表现，还有我们对待他们的态度和表现。那些经过服务妥善处理的客户会比没有经历这一环节的客户关系更加牢靠，表现得更加忠诚，这就是所说的"不打不相识"。

（3）主动沟通和传递观点与建议本身就是一种服务和预期管理；不用害怕客户没有听从建议，甚至会激发客户的情绪，只要言语得当、道术结合，客户是能够感受到我们的诚意的。做好自己觉得对的事情，态度比过程重要，过程又比结果重要。

有了以上三点的思想建设，我们就可以直面客户并与之沟通了，但具体怎么沟通呢？

（1）以退为进，表明态度。

对应话术："通过梳理您的持仓情况，看到您目前尚有持仓××基金产品，这只产品的表现较差且投资逻辑混乱，风格也存在漂移问题，所以在发现这一情况后，我们第一时间和您联系，想把相关情况介绍给您，同时结合专业给您提供一些对应的操作建议。坦率地说，涉及浮亏产品特别是需要调仓的产品的处理意见时，总是会有压力，让人不愿第一时间面对，但更为负责的态度则是直面这种压力，客观分析并给出更有利于投资者的专业建议，所以这是我和您主动沟通您的持仓情况的原因"。

（2）关注客户不愿将浮亏变真亏的心理，先在其持仓的基金公司内部优选产品进行转换。

（3）如果该基金公司内部产品整体表现差强人意，则强调既然想要解决问题，就长痛不如短痛，扩大选择范围，进行"优选补入，末位淘汰"，这样才能更好地改善后续的持有体验。

（4）不管是进行基金公司内部转换还是优选其他产品，引导客户赎回再买入，最好的调仓建议都是买入至少 2 只产品补充到原持有的产品当中去，这样做也是尽可能地降低一些意外状况的发生对最终方案的影响。

以上步骤都完成了，我们就完成了一次对产品不佳且被套牢客户的调仓服务的落地与执行。最后别忘了留个"钩子"，继续和客户讲清楚后续我们会如何做好异动提醒和策略跟进，这样一方面为方案执行的动态效果留了空间，另一方面也为持续和客户保持沟通及黏性找到了理由。

（二）正确看待偏股型基金在大盘上涨时没动静，下跌时却跌回去很多这个现象

如果我们真的想在市场中长久地赚到钱，那么需要遵循的恰恰是一些朴素

的思想和知行合一。不要总想着短期赚到手的钱就都是自己的了，它只是我们投资过程中的第一道诱惑。

这就类似于之前看过的实验，大猩猩去拿树洞里面的香蕉，因为不舍得松开拿到手的香蕉，最终被猎人活捉。"舍得"，有舍才有得，这一点很重要。

前面赚到了钱，跌回去很痛苦这很正常，其实它是我们的心理账户给自己划定的框架和锚。

不管是浮盈的减少还是浮亏的增多，都会让我们感到痛苦，这是人性。但是人性是投资中最大的敌人，所以如果我们想从市场中持续赚到钱，就必须将自己从中抽离出来，要明白"这虽然很正常，但这样思考让我们采取了止盈及寻找下一次买点的操作"，如此反复只会让我们离持续赚钱越来越远。

理解了这一点之后，你就能明白了，很多时候我们的投资甚至是在主动买"套"。

我们都想要的是短期涨、长期涨、持续涨甚至天天涨。但可惜市场并不遂人愿，波动就像收益的影子一样，想要获得收益就必须承受波动。所以长期有效的逻辑总会伴随着短期的失效，长期能赚钱的方法并不是时时刻刻都能赚到钱。

因此很多时候，我们甚至要主动买"套"，即用战术上的短期失败获取战略上的长期成功。

感受波动、理解波动、适应波动，一直到最后喜欢上波动。

波动并不是风险，本金永久性的损失才是真正的风险。

延伸阅读：

我们赚的每一分超额的钱都是对情绪消耗的补偿

——投资如是，工作亦如是

周末和家人聚会，席间开玩笑说起理想的工作状态，答曰"钱多事少离家近，位高权重责任轻"，有这样的工作吗？全部满足的可能真的很难有，所谓赚钱别想当官，当官别想赚钱。当然，这里的"官"其实是泛指，比如你也可以将其理解成市场中的甲方和乙方。

越到一定年龄，越会觉得"体制内"的工作性价比高。

越到一定阶段，越会觉得投资带来的稳稳的幸福也是一种较优的选择。

为什么呢？

因为对于绝大多数普通人而言，赚的每一分超额的钱都是对自己情绪消耗的一种补偿，而不是传统意义上所说的"我们赚的每一分钱，都是自己认知能力的变现"。

如何理解？

因为不管是投资还是工作，都是在面对不确定的未来做决策，而面对不确定性，绝大多数人的认知都差不多，并没有太大差异，真正具备预判能力的人凤毛麟角。而且往往事后会发现，这些所谓有预判能力、超额认知的人也多为幸存者偏差的幸运儿而已，假以时日或多次博弈之后，就会原形毕露。

所以，对于普通人而言，认知更多的是指三个方面的能力。

（1）对自己的基本认知：经历了事情之后对自己的了解，自己是乐观、悲观、敏捷还是迟钝。

（2）对人、事、物的基本认知：更多的是基本原理和普遍规律，比如客观自然世界的普遍原理和人文世界的基本常识。

（3）在上面两者的基础上，建立起自己的认知框架，形成匹配，而后既开放又封闭：开放是可以继续接受外界的声音，多做思考；封闭是不轻易被外界的声音所打扰和影响，保持对"能力圈"的敬畏。

超额是对情绪消耗的补偿。

其实这话并不完全对，只有在我们无法享受过程之时，超额才会变成对情绪消耗的补偿。

具体为：因为资源的稀缺性，使得我们获取结果的过程当中会面临此起彼伏、连绵不绝的艰难险阻，并且只要不下"牌桌"，艰难险阻就不会消失。也就是说，外界带来的刺激的频率很高、强度很大，我们的系统一（快思考）和情绪中心（下丘脑）会在这种不断的刺激下做出反应。而在现代社会，这种由快思考和下丘脑做出的反应往往都是不合时宜和不利于结果获取的。同时，在受挫和获得负反馈之后，我们的系统一（快思考）和系统二（慢思考），情绪中心（下丘脑）和理性中心（前额皮层）就会交替上阵，轮番登场。逐渐地，我们也会获得一些结果，甚至是超额的结果，但是我们体内的两个"小人儿"之间的博弈和对抗却永远不会停止。

可能终于有一天，你开始累觉不爱，开始想要"心自在，身自在"，开始想着"为自己而活"，哪怕这样做赚得更少也在所不惜。

或者你还在世俗的环境当中，已经上有老、下有小，做着房奴，干着"996"的工作，想着"看在钱的份上忍了"。

当然，上面我们也说到了一个前提——"无法享受过程"，这时超额就变成了一种对情绪消耗的补偿，但如果我们能够做到"目标—手段—链条"，即做事情不是我们实现任何"目标"的手段，做事情的目标就是做事情本身，也就是中国传统儒家文化所说的"无所为而为之"，此时，超额就变成了对于我们"心力"的一种犒赏了。

可以将"无所为而为之"理解成一种"无条件的幸福"，即不要因为外界的反馈来决定自己的状态，这当然是极其困难的，所以，绝大多数人都很难进入到这里所说的"心力"状态。

说白了，"心力"更多是一种天赋，而不是后天培养的，或者说即使是后天培养的也需要先天特性的加持，否则，很难培养出来。有的人天性乐观且钝感十足，天然就对挫折和压力没那么敏感，情绪的波动也会小很多，就不容易消耗情绪。这种人可能更适合富有挑战性的工作，比如去做创新或创业的工作等。

当然，并不是有先天的特质，就一定能够拥有强大的心力。这之间至少还差着四步，这四步分别是直面、平移、诗外、闭环。

对客户来说，赚的超额的钱都来自于对其情绪消耗的补偿。而对于财富管理从业者而言，赚的超额的钱都来自于其对客户提供的情绪价值的犒赏。共勉！

模块四

助　推

思考：客户的游艇在哪里？我们的客户在哪里？

助推的核心主要在两个方面发挥作用，一方面是拓客，另一方面是转化，也就是首先让潜在客户成为我们真正的客户，然后让我们的客户成为有效客户。

在这里我们主要讲拓客的问题。

首先，我想让大家一起来思考这个问题：客户的游艇在哪里？

这个问题来自《客户的游艇在哪里》这本书，书中说的是一群乡里人来纽约参观金融区的奇观，当他们到达巴特利时，向导指着停泊在海港的豪华游艇说，"看，那就是银行家和证券经纪人的游艇"。其中一个乡里人听后天真地问："客户的游艇在哪里呢？"向导一下子变得哑口无言了。

客户的游艇不在这里，客户没有游艇，所以这是一个充满反讽意味的问题，或者说是一个思考。这也揭露了过往金融机构及从业者不管客户死活，只管自己享受的事实和真相。这本书的写作背景与当时的历史发展是紧密相关的，1929 年的美国大萧条时期，美国股市崩盘，然后经过漫长的时间，又开始复苏。这个过程当中客户处于水深火热中，但是旱涝保收的却是金融机构及其从业者，这引发了投资者们极大的不满和对当时金融制度的反思。

当然当时的生态和现在的生态可以说已不可同日而语了。因为在现在的美国，特别是在美国的基金投顾领域，买方投顾的发展已如火如荼，基本 70% 以上的客户的基金配置都是通过买方投顾去完成的。所以客户的"游艇"有了，客户和财富管理机构及从业人员形成了真正的利益共同体。

这个行业开始以帮助客户开源节流并使客户资产持续稳定地保值增值作为宗旨和使命，并且达成了这样的目标。

说回我们自己，在目前这种财富管理转型期下，我们到底应该怎么做呢？其实核心就是在拓展客户以及让客户购买并转化的时候不要忘了跟客户达成利益一致。

其实，这个让客户购买并转化的过程也是我们对客户资产进行配置的过程，就是在以销售的名义行资产配置之实。而资产配置的关键就是看资产组合中的各项产品的比例是否恰当，配置完是否与客户的实际情况相符，如果我们为客户进行了合适的资产配置，比如我们给某个客户配置了 30 万元的股票型基金，以及 200 万元的债券型基金，这个配置结果和比例刚好和这个客户相匹配，那么对客户来说就相当于给他真正描绘了一幅资产配置的美丽画卷。如果我们天天和客户谈资产配置的理念和方法论，但是到头来客户的购买金额和比例跟自己合适的配置相比还是相差甚远，那么就变成了以资产配置的名义行销售之实。智者务其实，愚者图虚名，能将资产配置落到实处便是财富管理的真正转型与落地。

当所有的机构开始做财富管理转型时，同质化就成了一种必然。而如何在同质化中做出差异化，就成了赢得这场游戏的重中之重。有财富管理的专业框架、懂下跌客户不敢加仓时的助推技巧以及震荡客户想逃离时的情绪安抚的技术，我认为，是在这场长久竞争中取得成功的必杀技。

不过，竞争来竞争去，我们究竟在竞争什么呢？答案只有一个，那就是"客户"。客户的游艇在哪里，我们的客户又在哪里？这个问题其实很大，方法论和技巧也很多，为此我选取了一个角度，给大家讲几个小故事。

故事一：在换一种思维的拓展中，从被动等待到主动出击

以前，我看到孟岩（"有知有行"创始人）在微博上写过这样的一个朋友，说这是一个有心人，他在看过去五年孟岩写过的投资基金实证，并且保持了每周数篇的频率。孟岩是怎么知道的呢？因为他每篇文章最后都能收到对方的打赏，打赏的金额并不多，每篇只是一块钱，但只要打赏后台就会提醒孟岩，所以相当于是在不断地触发和提醒他。

同样作为一个写作者，我能够体会孟岩所说的那种感受。记得以前看到过这样一句话："爱不是舍得花钱，而是舍得花时间和不嫌麻烦。"这是孟岩的读者在表达他的"爱"，而显然他成功引起了作者的注意。我在想，如果这个读者在全部看完孟岩的实证记录之后，再写一篇长文，聊自己的收获和感受，然后尝试加孟岩的私人微信并发给孟岩，表示想要当面交流，你觉得他会成功吗？

我想大概率是会成功的，如果是我，我肯定会欣然应允，并愿意敞开心扉和他坦诚交流。这是一个读者和作者之间的故事，但其实我说的也不仅仅是这样的一个故事。在这个故事里，有两个关键词，一个是"陌生人的破冰"，另一个是"向上社交/管理"。

无独有偶，这个故事让我想起了我在最初进入基金公司的经历。十几年前，基金行业还只有不到 60 家公司，我在研究生二年级时一次短暂的实习之后，获悉了基金公司有渠道销售这样的岗位。当时我就想，如果我能够在成都进入基金行业，做这样一份工作该有多好啊！但是，我上网查询完之后，发现并没有任何一家公司有招聘正式员工或实习生的需求。怎么办呢？

我当时就把所有的公司都列了出来，一个一个查它们的邮箱和地址，特别是在成都有分公司或办事处的，最后查到有8家公司在成都有分公司或办事处。于是，我做了一份精美的简历，并写了一封很长的自荐信，然后拿着这些材料去前面所说的8家基金公司上门毛遂自荐，其实第一轮我去的时候，我没有见过任何一家公司的领导，见的基本上都是前台或行政，但是在和她们交流的过程中，我表达了自己的诚意和希望能够取得一个实习的机会的心愿，并且希望她们能够帮我转交我的材料。

非常幸运的是，这些材料基本都被转交了，而且最后我也拿到了三家"老十家"基金公司的实习机会，最后我选择了其中一家开始正式实习并最终留在了这家公司。后来我在想，如果是等到这些公司正式发出招聘信息招聘实习生或正式员工的时候，我再去和当时西南财经大学以及其他高校的同学们一起申请，我还能获得这样的机会吗？我想可能性就比较低了。对于一个想要和比较厉害的陌生人建立链接的人来说，那这个比较厉害的陌生人就是你的"客户"；对于一个想要找工作的人来说，能够发出 offer 的优秀公司就是你的"客户"。所以，我们的"客户"在哪里呢？我们的客户在主动性上，在思维的拓展中，比别人多想两步，而不是用战术上的勤奋来掩盖战略上的懒惰。

故事二：在日常工作中，从平平常常到足够用心

稻盛和夫说"工作现场有神灵"，其实，稻盛和夫说的是我们对待日常工作的态度。

很多时候，我们总觉得现有的客户因为前期的种种原因，已经很难成为更加有效的客户了，于是总想着去找新客户，好像只有新的客户才是属于我们的真正的客户一样，但其实并不是这样的。

客户会因为我们的产品而离去，但也会因为我们的服务而选择留下。这背后的关键就是在日常工作的过程中我们是否让客户感受到我们的态度，我们在服务过程中是否用心。不要贪多，重点关注现有渠道和存量客户以及存量客户的激活与转化就可以了。以九思为例，其实我们的客户很多都是我们公众号文章的干货引流以及前期辅导、培训的口碑宣传持续带来的，因此我们目前应该做的就是争取在现有的渠道以及现有的客户中做得更优，从而带来复购和转介绍，而不是再想着去拓展我们的获客渠道。同时，越是便宜的产品，我们越是要认真对待，而不是敷衍和只考虑现实的投入产出比，所以我们收费最便宜的产品线及我们自己出的内刊，都做得很用心。同样，我们免费的公众号内容，几年来保持了非节假日的日更，并且全部都是原创的，写得也很用心。

去年，我们发了一个招聘信息，刚开始招聘信息上只是一些简单的招聘要

求和职能介绍，我看了后在那个基础上添加了我们之所以要在公众号上发招聘的原因和一些思考，最终形成了一篇文章。这样就将一份干巴巴的招聘简章变成了一篇声情并茂的推广好文（如图4-1所示），后来确实有很多非常优秀的朋友给我们投递了简历，这也是一种成功的"获客"方式。

图 4-1 九思招聘

所以，我们的客户在哪里呢？我们的客户就在日常的点点滴滴中，就在每一件小事的足够用心上。

如果客户前期产品体验不佳使得你不敢和他们接触和沟通，那么下面两点经验希望能够帮到你。

- 服务补救悖论。那些经历了冲突或服务失误之后问题又得以圆满解决的客户往往会比那些自始至终没有遇到任何问题的客户更有可能再次购买产品和与之建立深度关系。这就是所谓的不打不相识。

- 过程比结果重要。沟通的结果其实没那么重要，沟通本身很重要。享受过程中的收获和反思，即使没有结果我们也还有过程，如果既没有结果，也没有过程，那就一定要有承认错误的态度。

故事三：在自我成长的乔哈里窗里，从你找客户到客户找你

我有一个好朋友，他其实是我的学弟，比我小好几岁。当认识他的时候，他还只是西南财经大学的一名大三的学生，我当时已经研究生毕业在基金公司工作两年了，之所以我们会相识，是因为他在学校的时候翻译了一本国外投资领域的图书，我看后觉得很不错，就找机会认识了他。我们熟悉了之后，他经常会找我交流，有时候是请教我一些实操问题，有时候是询问一些行业机会，有时候是分享自己的一些思想动态和思考，而我也特别愿意和他交流，始终保持着对他的关注。后来，我也给他介绍过实习的机会，他毕业后进入了一家私募公司工作，现在已经是这家有几十亿元规模的私募公司的市场总监，今年又考取了清华大学的 MBA。现在我们依然保持了非常好的关系，上次做一个有关私募基金的调研，我还深度访谈了一下他，并通过他了解了一下最新的证券私募业态。我想我们之所以会成为这么好的朋友，是基于他的开放和共享，即他愿意将他的信息更多地开放给我，也愿意主动和我保持联系，让我觉得他是个潜力股，从而也就愿意更多地给他介绍机会，这是一个建立友谊的正向循环过程。

乔哈里窗说的是我们每个人都有已知和未知的信息，而能够和他人更快速地构建起信任关系的方式，就是扩大我们彼此的已知区，并适时地展示和分享自己。所以，从这个角度而言，知识营销的本质就是倒逼自己进步的同时展示自己，即将你的成长展示给你的客户，你不需要太心急，也不需要想着批量化，而是将你的成长和展示当成一种逐渐扩大自己影响圈的方式。所以，客户在哪里呢？客户在你的自我成长的乔哈里窗里，在你逐渐扩大的影响圈里。

以上，我们通过三个小故事为大家拓展了拓客的思维。在实际工作中的拓客需要"兵马未动，粮草先行"，也需要"谋定而后动"，此时的"谋定"就是通过穷举的方式将你可以想到的拓客方式全部罗列出来。

如何通过穷举的方式来思考拓客问题呢？拓客大抵包含两种，一种是激活老客户，另一种是拓展新客户。这两者一结合，就是穷举了。

怎么激活老客户？激活哪些老客户呢？

① 大客户、难搞定的客户。要知道，大客户更有购买力，难搞定的客户更有购买需求。

② 沉睡的客户。根据沉睡的客户没有交易的时间的长短，来决定激活的方法。

③ 根据老客户的账户余额、交易金额或投资规模等财务指标，判断老客户的活跃度和价值。

拓展新客户有两种方法，一种是我去找客户，另一种是客户来找我。这两种方法一结合又是穷举了。我去找客户，我怎么去找客户呢？客户来找我，客户怎么来找我呢？我们可以顺着这条思路继续往下想。当我们梳理完了之后，把一些细节考虑清楚，就可以强制性执行了，在强制执行的时候要进行 MVP（最小可行性产品）测试（指一类或几类客户小范围内的测试），整个流程没有结束的时候，不要去做复盘，不要告诉自己错没错，待强制执行结束后，如果结果成功了，就总结成功经验，然后把 MVP 扩大；如果失败了，就总结失败的教训，看到底是哪里出了问题，是哪个地方没想清楚，能不能进行改良，能不能进行迭代并重新开始。

在拓客过程中，无论是我去找客户，还是客户来找我，都有相应的方法论，如图 4-2 所示，接下来分别讲解这些方法。

图 4-2　我找客户与客户找我的方法论

一、拓客——客户在哪儿我在哪儿

（一）基于互联网定位模式的拓新——豪车毒的故事

我们的客户在哪里？线上。

虽然客户在线上但并不是就只能广撒网地去寻找，因为质量比数量要重要得多，特别是在弱势环境下，精准出击更为重要。所以拓客的其中一个方法叫基于互联网定位模式的拓新，关于此方法，我们通过一个卖车的故事来给大家展示（如图 4-3 所示）。

我们讲财富管理从业者如何拓客，为什么讲一个卖车的例子呢？因为在我看来财富管理的金融产品同汽车一样，都是标准化产品，有可以切入的共同点。

图 4-3　豪车毒

从某种程度上来说，豪车毒的故事，讲的是一种服务的胜利。原来，豪车毒在销售汽车的过程中，采用了一种与众不同的轻资产运营模式。在这种模式下不需要有自己的 4S 店，也不需要装修豪华的展厅，但可以创造远超传统汽车销售模式的销售奇迹：一年的销售额可达到 20 多亿元，这是服务营销的胜利。

其实我要讲的不是豪车毒故事本身，而是从零到一的过程，这才更加弥足珍贵。我们知道，传统的汽车销售模式，一年下来销售额可能也就几千万元，好一些的可能有一两亿元，但一两亿元已经到天花板了，要想实现更大的销售额，就必须创造新的销售模式。这就是豪车毒团队的成功，他的五人团队加了一万人的微信，这些人成为他们的私域用户。从公域到私域，其团队的成交额达到了三亿元。之后，他们又通过创新、老客户转介绍等，使成交额达到了二十多亿元。豪车毒创始人纪文华（别名老纪）曾经说过这样一段话："如果拿一部手机每天在抖音上搜索劳斯莱斯，那么抖音就会给你推送所有关于劳斯莱斯的视频信息。我们为了让流量更加精准，你知道我们会怎么办吗？比如，我妈买了一辆劳斯莱斯，她可能带'劳斯莱斯标签'发了个抖音，这个时候我在这个标签上一点就能把所有在杭州提车的劳斯莱斯车主都找出来。"什么意思？因为抖音的算法帮了大忙，如果你每天发布关于劳斯莱斯的内容，抖音就会给你推送关于劳斯莱斯的所有视频信息，可能有些是卖车的视频，有些是车主的视频。这个时代，每个人都想要被人尊重，也都想实现自我，有归属感。然后他就抓住了这种心理和抖音的算法去做了这件事。他之所以能够成功，是基于以下两个方面。

（1）优秀的团队 IP。他在跟别人交流、联系的时候，别人一查就发现这其实是一个靠谱的团队，因为他们有非常多正面的信息可以查询到。

（2）标准化的验证流程。他要找到一套可复制的 SOP（标准化流程），从刚开始的公域拉新到私域加微信，你买不买车不重要，只要联系上就送礼物。这样做可以实现需求的转化，进而转介绍再配上细致的服务就构成了一套标准化的验证流程。要说一下的是，服务中的细节做得越到位，这套验证流程越灵验，也就是所谓的细节决定成败。

那么他具体是怎么跟客户说的呢？

他发现某些人在抖音上发了一些自己的"炫、秀、比"的视频，于是就给这些人发私信说："说了你可能不信，我觉得你可能会通过我买劳斯莱斯，先加个朋友吧！"这就增加了对方的好奇心。

他团队的五个人都是这样操作的，而且每个人的标签都有豪车毒，聊完了之后，这些人都会去查一下，到底是什么样的人加了他微信，一经查验，发现这确实是一个靠谱的团队，所以说优秀的团队 IP 是加分项。

在跟客户加上微信后，紧接着再发一条信息，这时候十个人就会有七个人给他地址，让他寄礼物，之后再经过交流，讨论买车的问题，最终能成功完成三四个交易，也就是会有百分之三四十的转化率。

他发的第二条信息内容是这样写的："你好，方便的话给我一个你的家庭地址或公司地址、联系电话，我把你列入我们豪车毒汽车管家的 VIP 客户，豪车毒会在每年邮寄 5 个不一样的特别礼物，你可以感受一下我们 10 年的汽车管家文化，我珍视每一位朋友，希望获得您的信任，产生更多的交集和情谊。"

这样做到底划不划算？这个问题本身属于一种典型的利己再利他的想法，所有的事情我们都要去算投入产出比，看到底能不能做。但是老纪做这件事情，他算的不是一个短期的账，当然根据实际的验证，他越来越能够在短期算清楚这个账，因为他们这样做已经逐渐形成了一种聚合效应。

对于老纪来说，他们为什么要做这件事情呢？

一是他们做人做事的方式是先利他再利己。他们十几年以来都是这么做的，将高净值客户通过这样的方式转化为私域流量，是非常划算的做法。

二是成交只是时间问题。豪车毒团队通过这种不提要求只给予的方式不断触达和服务潜在客户，而这些潜在客户不是行业大佬就是一些早已实现财富自由的人，他们绝大多数都不喜欢占便宜，面对豪车毒的这种用心付出，久而久之就会生出一种亏欠，当他们有一天真的有购车需求时，就会想起豪车毒，于是就完成了流量的转化。

豪车毒团队的方法论其实可以给予我们非常重要的启示。

（1）找到流量入口；这个流量入口是抖音、快手、视频号还是天天基金、雪球，抑或是股社区？根据平台结合自身的差异化去找到精准的客户进行触发，可以借助 AI 想好一两套触发话术进行 A/B 测试，看实际效果，尽可能地把流量从公域转化到私域。

（2）打造好 IP 资产+构建好可验证的服务流程。打造好 IP 资产的方式主要可以通过"知识营销"的方式来开展（后面我们会重点讲解），同时这也是提高流量从公域转私域的效率以及构建信任关系的关键；而来到私域的流量具体可以给予什么样的服务来提高转化率，确实也需要我们进一步地思考。

其实豪车毒的利润率是很低的，但他们平时的服务成本并不低，每一个客户都是精准的，能够做到薄利多销，支撑得起这套拓客经营模式。对于财富管理而言，如果我们也用这套拓客模式，那么我们的单价低了能不能支撑得起我们的整个业务运转呢？如果不能支撑，那豪车毒的这种服务模式给我们的启示是什么？

其实答案很简单，我们可以不送这么贵的东西，也可以不做此类服务，而是用其他的服务来替代或做客群分类，比如向不同的客户送不同的礼物。

这就是给大家分享的线上拓客——基于客户的定位来进行新客拓展的一个案例，接下来我们再来看一个线下地推拓新的案例。

（二）基于线下地推活动的拓新——一元钱买鲜花的例子

这是我自己亲身经历的一个案例，所以把它记录了下来。

2022 年 8 月，我跟我老婆一起吃完饭在小区外面遛弯儿，走到步行街，看到一个地方挤了不少人，走近一看，原来是个卖花的，卖花的摊位上挂着"鲜花一元一束"的手写牌子，非常醒目！

看上去花还挺新鲜，为什么会这么便宜呢？这是我们一开始就问卖花人的问题。卖花的说，因为在做活动。这个说法非常顺滑，紧接着我们就说，买一些吧。卖花的马上说，"你们有'饿了么'或'大众点评'吗？哪一个常用？""我有'大众点评'，没有'饿了么'。"我回答。

整个购买操作过程是：用"饿了么"来扫一下这个二维码，领取一个 20 元的代金券（如果没有"饿了么"，就需要先下载 APP，再用微信同步注册一下），然后再扫另外一个二维码来到一个鲜花店铺，下单一束鲜花，把代金券用了，多的钱卖花的人再用微信转给你（少转给你一元钱，也就是总共只花了一元钱）。

　　我没有"饿了么"，就用"大众点评"来操作，操作过程与使用"饿了么"一模一样，直接打开扫一下就行了，我和我老婆就买了两束花，一共花了两元钱，这个买花的故事到这里好像就结束了。

　　我看其他的地摊面前都没有太多人，但这个卖花的摊位面前人员络绎不绝，于是就激起了我的兴趣，就想了这样几个问题：这几个人究竟是卖花的还是干其他的呢？他们在赚什么钱？为什么他们要定价一元钱，而不是免费送？我将这个故事发到朋友圈，附带这几个问题。还真的是"高手在民间"，马上就有朋友给我解惑了：他们不是卖花的，他们是互联网的代运营团队，他们既不属于"大众点评"，也不属于"饿了么"，他们是帮别人去做地推的团队，目的是拉新和激活。你没有下载过 APP 就让下载；你下载过了，但是许久没用过，就让你用一用，达到拉新和激活的目的。

　　那么他们在赚什么钱呢？

　　显然他们要赚的钱是代运营的钱，是这些互联网平台公司的钱，有可能拉新比激活得到的报酬高一些，所以他先让我下载，但因为我不用下载，所以才让我激活，反正总体是赚钱的。一元钱一束的花，虽然可能还不够本，但是这也是一笔收入，再加上代运营的收入，然后减去花的成本和他们付出的劳动，就是他们所赚到的钱。

　　为什么他们要将花定价一元钱，而不是免费送？

　　如果免费送，看起来好像会更加吸引人，但实际上，现在的大城市，特别是相对来说人们的消费能力还比较强的地方，免费的东西才是最贵的，反而会提高人的警惕性。将花定价为一元钱一束，虽然你知道这不合常理，但是你不会觉得这里面藏着什么套路，都是一眼看得到头的，也都明白。这就会让人更多地放下自己的戒备心来到他们的摊位，然后跟大家一起参与这个活动。

通过这个故事，也引发了我更多的思考。这个互联网代运营或地推小团队最可取的地方是什么？是他们引流方式的选择。他们并不是卖花的，这个花只是一种工具、一个道具。

他们选择了这种引流方式跟场景，选择了晚上卖东西的摊位集群，选择在步行街这个地方，都很高明，这么做让他们完成了对用户的拉新、激活。

回到财富管理业务本身，如果银行、券商想要拉新和激活，那么这个例子能不能给些启示呢？如果现在要去做客户拉新、激活与转化，我们可以怎么做呢？引流问题怎么选择？场景怎么选择？要怎么去执行？基于花的场景和花的引流方式的选择，类似的挪车牌、手机支架、护手霜、相框、相册……都可以适用。

在这个案例中，一元钱的花降低了信任成本，更好地开启了对话，让客户更多地参与了进来；不免费，一元钱也是一笔不错的收入。这些都是生活当中的场景和洞察，机构、执行团队及参与者实现了"三赢"。

（三）调研法找客户（设计原理：指 A 打 B）

调研法找客户，就是客户在哪我在哪，这个核心的设计原理是指 A 打 B。核心目的是拿到客户信息，形成精准流量，然后把跟客户的联系从线下转到线上，并且能够进行持续的沟通，这就需要做调查，包括投资者适当性管理调研、投资者投资经验调研、投资者某某券商品牌大调研等。

第一步，你可以在你所在地方的方圆三千米或五千米内，人流多的地方去找客户，调查表的内容要尽量少而精，让人们在有一定防备心的前提下愿意配合，以便更好地跟他们形成互动和破冰。例如：你能帮我们做一个××投资认知调查吗？或者，我们正在做××投资适当性管理调研，根据监管的要求，我们现在在做××事情，能耽误您一两分钟时间来做这样的一个调查吗？然后可以送一些实用的、性价比极高的礼物，但如果直接送礼物，会让人心里打鼓并猜测你的目的。当你耽误了他一两分钟时间，做了这样一个调查表之后，他会非常坦然地接受你送的礼物，因为他付出了。指 A 打 B 意思就是"醉翁之意不在酒"。

在这种做法中，调查表的信息本不是最重要的，重要的是要通过这样的方式与填表的人建立关系，构建信任，拿到流量，让他们成为你线上的潜在客户。

那具体怎么送礼物呢，现场送还是邮寄？邮寄的方式比较好，可以先加个微信，后面以微信的方式给他反馈整体调研结果和报告并感谢他的参与，这样就非常顺其自然地与他建立起了关系，进行一些沟通后就可以给他发一些新客专享的信息，后续也可以将其纳入服务营销的体系中，针对性地为其服务。

（四）案例法/清单法（持续积累，形成复利）

所谓的案例法/清单法，就是梳理过往积累的案例，然后把同类的、能够形成榜样力量的案例整理成册，讲给客户听，拿给客户看。通过这种方法可以很好地打消客户的一些疑虑和担忧，增强他们的信心，让他们无形中想要效仿这些成功的案例去行动，从而让他们继续持有或增加投资。

案例法/清单法适合的群体是哪些？适合手中有闲钱，对投资有一定认知，也多次买过基金，但目前正被套牢又不敢轻易操作的客户。也适合一些"有动力但是没有什么能力"的投资者，他们往往有投资的意愿，但苦于不知道如何操作。在这种情况下，我们就多收集一些同类型的案例来激励他们继续行动。

下面我们展示一个具体的示例。

陈老师，您好。今天主要是想把其他客户的一些投资案例跟您分享一下，2022 年整体市场表现是非常差的，不少客户投资账户的亏损都在 10%以上。但是，我手中的好几个客户，在这种市场下却依然做到了不错的回撤控制，我把他们的操作做了一个整理，看看是否对您的投资有帮助：

- 仓位控制合理，权益类产品所占比例在 40%左右，市场涨跌不会影响自己的情绪。
- 坚持大额定投，市场每下跌 10%，就手动加仓 1 万元，用大额定投来平摊投资成本、平滑市场风险。
- 比较有耐心，持仓基本没怎么动，当然开始购买产品时也是非常认真筛选和谨慎的。

目前，市场也刚刚启动，您看要不要也开启一份大额定投，缩短回本的时间呢？

注意：使用案例法，需要我们做一个有心人，随手收集一些典型的案例。另外案例必须真实，有图有真相、有理有据，让客户更加信服，从而更容易敲开客户的心。案例法/清单法与拓新不同，它是针对我们已有的休眠老客户的，我们只是通过这种方法来进行激活。

客户的亲身案例更有代入感和说服力。

曾经有一位理财经理，他在朋友圈分享了客户的亲身案例，增强了代入感和说服力。他先是写了一段文案发给我："今天接待一位客户，让我记忆深刻，她 10 年前在我们建行通过客户经理推荐买了一只美股指数基金，今天过来询问基金怎么查看。因为金额太小，她也一直没有把该基金放在心上，当我帮她打开手机银行查看的那一刻，我惊呆了，收益率达到了 518%，相当于翻了 5 倍，可能因为金额太小，她也没有表现出很惊喜的感觉，不过这让我更加坚定地相信自己对于基金投资的看法，投资是一辈子的事，我们要一起走很久，投资基金也一样，过程可能受罪，但结果却往往显贵。巴菲特说，他一出生就中了一张卵巢彩票，因为他生在美国，其实我们又何尝不是呢？相信国运，不要太在乎短期的波动，做时间的朋友，我们也一定可以获得时间带来的玫瑰。"

因为这个案例是一个真实的案例，所以感染力和代入感是很强的。虽然案例中的产品是一只 QDII（Qualified Domestic Institutional Investor，合格的境内机构投资者）产品，但是我想告诉大家，并不是只有投资 QDII 产品才会有这样的表现，其实很多时候，我们的偏股型基金、主动管理型基金、跨越周期的一些产品，虽然短期看起来亏损惨重，但最后往往能赢得时间的玫瑰。这种产品有以下两个特点。

（1）过去十几年的收益非常不错。

（2）这些收益非常好的产品，在 2007 年、2008 年、2014 年、2015 年的时候也呈现出了 50%～60%以上的回撤。这些收益表现非常好的产品，在市场的极致时刻也表现出了非常大的下跌，但是不影响它后续的增长，并且成为拳头和明星产品，这都可能会给我们更多的信心。

（五）账户健诊（从传统基金健诊逻辑中解放出来）

这个方法也是针对老客户的激活的。账户健诊是从传统的基金健诊的逻辑当中解放出来的。

先来介绍一下账户健诊和基金健诊的不同。账户健诊指的是针对客户的资金账户、投资账户的诊断，而基金健诊则是针对基金或单一产品的。

可见账户健诊是基金健诊的升维，基金健诊只是账户健诊当中很小的一环，并且这种健诊也不应该用一种预判的逻辑——把一些短期表现不好的产品卖掉，一些短期表现好的产品留下并多买，因此我们要从传统的基金健诊的逻辑当中解放出来，用一套应对的策略（账户诊断）而不是预判的方式来进行诊断。

为什么要这样做呢？例如：一款基金产品一年浮亏超 30%，接下来我们该怎么办？我们是要卖掉、持有、加仓，还是要加上与它相反风格的产品呢？我们会发现，在不同的情况下，上述几种做法可能都是对的，具体原因如下。

- 如果这款产品多，并且与购买时的逻辑相比已经发生了根本性变化，现在已经不具备持有的理由，这个时候就应该卖掉。

- 如果购买的逻辑没有发生变化，业绩不佳很可能是因为产品风格与市场风格不符所致，这个时候就应该继续持有。

- 如果购买的逻辑没有发生变化，且购买产品中这类风格产品还不够多，这个时候就应该加仓。

- 如果购买的逻辑没有发生变化，购买产品中这类风格产品足够多了，与其不同风格的产品还不够多，这个时候我们就要加上与其相反风格的产品。

由上述可见，我们很难基于对单一产品短期业绩的优劣判断，给出合理的针对性建议，这就要求我们摒弃"头痛医头，脚痛医脚"的基金健诊，转而运用比其高一个层次的账户健诊来对客户的投资情况进行诊断，并给出一套完整的应对策略。

战略管理学家魏斯曼曾说过这样一句话："一个问题的解决，总是依赖于与其相邻的更高一个层次的问题的解决来得以实现。"

所以基金的问题其实是账户的问题，具体做法是运用"KABE 模型"，如图 4-4 所示。

第一步"K"（KYC-pro，KYC 是 Know Your Customer 的首字母缩写）：叫作问询关键问题，即了解你的客户，核心就是客户现在的仓位是不是跟他自己本来应该持有的仓位匹配。

第二步"A"（Asset）：叫作确认资产比例，是确认客户的资产比例应该如何分配。

第三步"B"（Balance）：叫作组合均衡诊断，是看客户的股票类产品本身的风格是不是做到了均衡。

第四步"E"（Examine）：叫作单只基金健诊。

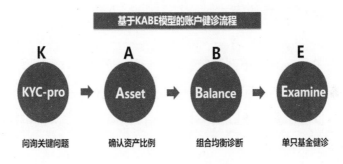

图 4-4　九思 KABE 模型

"KABE 模型"跟我们专业应对的十六字箴言如出一辙，只是应用场景不一样。十六字箴言是全流程，并且最好在一开始的时候就这样做，而"KABE 模型"是售后诊断的一种方式。

具体来看一下"KABE 模型"的账户健诊与传统基金健诊的区别。"KABE 模型"的账户健诊是从源头解决背后的问题，而不是单纯的"头痛医头，脚痛医脚"；用弱者思维、应对策略做出均衡配置的安排，而非用强者思维预判逻辑来做行业轮动；让客户理解波动，接受资产自身特性的方法，而非给出客户预期遇到波动后一退再退的策略。通过这种方式让客户理解波动、接受波动，而不是让客户逃避波动。

并不是"这个亏得多，把它转换掉；那个赚得多，把它卖掉"，而是让客户理解不同并接受不同，并用一种平衡均衡策略的方式来安排。"KABE 模型"

背后对应的是弱者思维，而不是用强者思维来做行业轮动。

二、拓客——我在哪儿客户就在哪儿

前面给大家详细分享了"客户在哪儿我在哪儿"的拓新和激活客户的方法。在这一部分，给大家详细讲解"让客户主动找到你"的三种拓客方法。

（一）知识营销的两种模式——公开 vs 小众

知识营销是一种将拓客和转化融为一体的方法，关于知识营销的具体方法论，我会在本模块的第四部分"转化——基金助推的知识营销体系和个人品牌打造"进行详细讲解，所以，在这一部分，主要以实际的应用、案例来讲述关于知识营销的两种模式。

具体而言知识营销包括以下两种模式。

一种是面向不确定性客户，然后以公开的方式获取流量，让客户主动找来。其背后所需要的是强大的专业能力和持续的输出、更新能力，这对于团队的要求是比较高的。下面以红×星菜馆为例进行讲解，如图 4-5 所示。

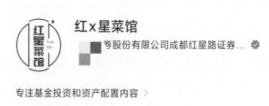

图 4-5　微信截图

"红×星菜馆"这个名字听起来像是卖菜的，但实际上这个菜馆是"财管"（财富管理），他们是基于对基金、公募、私募的研究而成立的。他们有自己的系统，因此能够掌握非常多的数据，通过对这些数据的挖掘和对各种投资策略的分析，最终做了私募 FOF 组合这种产品化的尝试。

因为红×星菜馆不断地发布一些看上去非常专业的关于私募的内容，所以获得了大家的信任，有的甚至要求进行定制，这就对红×星菜馆的专业能力提出了更高的要求。事实证明，这种产品化的知识营销模式是比较成功的，它开始向资产管理转变，不再完全依赖于机构。

另一种知识营销模式相对来说比较小众，就是在你的身边、你的朋友和你的圈子里进行发声，逐渐扩大影响范围。例如×雪的故事，如图 4-6 所示。

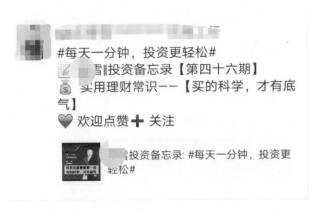

图 4-6　微信截图

作为一种比较小众的知识营销方式，×雪有节奏、有步调地在公域和自己的私域里坚持不断地分享财富管理知识，具体到每天分享什么，每周分享什么，每半个月分享什么，每一个月分享什么，都条理清晰、内容实用、质量可靠，给人以充分的预期。

×雪还对客户群体进行了分类，然后根据不同的客户类型和时间安排进行了不同的操作。例如，针对大客户，会定期向他们发送周报和一些配置方案；针对普通客户，会按时向他们发送半月报及月报。如此勤恳又细致的服务，已成功将×雪的这种小众知识营销模式带入正循环。

关于知识营销的意义，我想金融读书会能够充分诠释和体现。

我们以机构或个人的名义来做知识营销，不可避免的一环就是读书会。知识不是一种教育，而是一种遇见，比如你在合适的时间遇到某种知识，然后一下就顿悟了，所以说遇见知识非常可贵。要创造这种遇见知识的可能性，就要通过经典来创造，通过知识密度非常强的载体来创造，读书会就是一个很好的契机。而读书会的分享对谁的帮助最大呢？可能我们会以为对听书的人帮助最大吧，当然对听书的人的帮助是挺大的，但是我觉得收获最大的人一定是分享的人。"输出是为了输入"——这是费曼学习法的精髓，也是我认为的知识营销的最大意义，我们可以据此成为更加"值钱"的自己，而不管是不是短期就能取得世俗意义上的结果。

以我们九思汇智为例，即使在非常忙碌的情况下，我们每周二也会进行一次内部的分享交流，分享的内容多半是当期轮值的同事阅读一本书后的所思所想，以 PPT 的方式展示给大家，并且我们还将每期分享的内容同步在了公众号"九思书友汇"，感兴趣的读者可以去搜一搜。

（二）活动法

本部分的活动法主要分为两种：常规活动和知识营销活动，具体如表 4-1 所示。

无论是常规活动还是知识营销活动，用于实践都能够规范投资行为，让客户做出正确的投资决策，因此可以坚持循环做。知识营销活动相对比较重要，在这里再详细介绍一下。

表 4-1 两种活动法

类型	特点	活动内容
常规活动	核心吸引关注和参与感"比、秀、炫"	品牌节/财富（管理）季 ■·寻找最佳基金人（持有最长、收益最高、购买最多、越跌越买、持续定投） ■·逆势加仓见证官 ■·投资感受分享季（类似于胡锡进的每日感受分享）
知识营销活动	核心构建体系、尊享、差异	■·线上基金投教快闪群/训练营 ■·线下策略会/线上直播私享会 ■·开展线上/线下读书会

具体来说，常规活动和知识营销活动两者有着明显的区别。常规活动，更多是要靠前端的氛围，以及后端的奖品或荣誉的营造，来将其推向高潮。而知识营销活动是基于知识素材的，因此其操作起来更加系统、更加具有差异性，主要是通过分享各种形式、各种题材的干货，来彰显其核心价值。

1. 常规活动

常规活动主要是通过"炫、秀、比"的方式来获得关注度和参与感的，这是投资者和财富管理机构的客户都喜欢的方式。

那怎样让客户来"比"，让客户来"秀"，让客户来"炫"呢？

比如，在××品牌节，××财富季，这些大的主题下面，由最基层的网点、营业部或者个人发起各种常规活动。

活动内容可以是寻找最美基金人，寻找逆势加仓见证官，举办投资感受分享季等，下面进行展开介绍。

（1）"寻找最美基金人"，并不是说要找到长得最漂亮的、购买基金的人，而是寻找那些通过规范操作及经历牛熊交替后在中长期投资中获得了大结果，并且当下还继续坚定持有的人。寻找出这样的最美基金人后，将其立为典型和榜样，对他们做访谈，让他们进行演讲、分享，然后在圈子里构建影响力，最终成为其他人的榜样和力量。

我们很难改变大环境、大圈子，而且它们也是非常沉闷的，似乎永远在冰点上，但我们可以营造一个相对热络的小圈子和小环境，人虽然会受大环境影响，但也更容易被身边的环境所影响，所以在身边营造一个温暖的圈子，让大家相互温暖陪伴、彼此照亮，创造力量，指引方向，让大家都能有一个真正坚持下去甚至逆势加仓的理由。所以，"寻找最美基金人"意义深远又厚重。

（2）"逆势加仓见证官"，就是让客户见证那些越跌越买、继续定投的逆势操作"英雄"。这样做的意义是，即使客户现在不买，但见证了别人勇敢加仓的过程，也能让客户内心有所触动。

我们寻找这样的逆势加仓"英雄"，让他把加仓的过程晒出来，给其他客户看，这些客户是见证官，逆势加仓的是逆势加仓官，然后我们给每个人都发一个电子版的"荣誉证书"，不管是见证官还是逆势加仓官都有。让大家充满荣誉感、参与感和归属感，让活动能够持续下去。

（3）"投资感受分享季"，就是鼓励客户进行投资感受分享。在这个过程中，苦恼、困惑、怯懦、勇敢、焦虑以及转变等都可以进行分享。

上述的三个常规活动，都是可以落地执行的，并且是非常好的规范投资行为，因此可以持续做下去。

2. 快闪

快闪是知识营销活动的一种方式，是一种短暂的行为艺术形式，通常是指一群人通过网络或其他方式约定在指定时间和地点集合，然后共同作出特定动作，之后迅速离开的行为。这里说的快闪是基于知识营销而做的一种基金投教行为，参加快闪活动的人会形成快闪群，快闪活动最大的好处就是它具有稀缺性，时间短暂，过期不候，并且每一期都是新主题、新内容。金融圈快闪的具体活动可以包括：基金投教快闪群、线下策略会或线下读书会等。

以快闪群为例，它适合转介绍。在做快闪群的时候，你做了第一期再做第二期，就很容易形成口碑或者是一定的品牌，这个时候你就可以让你朋友圈的人或你的客户再邀请两名客户进群，营造一种稀缺性，这种稀缺性会让快闪群变得更加珍贵，并且给你创造出拓展新客户的可能性，所以快闪群比较适合拓新，也同样可以应用于激活老客户。

在做快闪群的过程中，可以根据客户段位的不同做不同的主题、不同类型的快闪群，如新手快闪群，高手快闪群等，如表 4-2 所示。但是这类快闪活动持续时间不能太长，最长半个月。同时，还可以辅助一些知识营销海报进行密集投放，提升客户对基金的认知。

具体而言，如果要做快闪群，但不知道每天要发什么内容，而且你所在的机构也没有提供这种服务，也没有机构进行代运营，那么你就可以到我们的公众号"巴蜀养基场"，以及一些垂直聚焦的公众号去找素材，重点是迅速把快闪群的内容框架搭建起来，然后使其尽快成型。

表 4-2　九思快闪群

快闪营项目可选	
新手	• 《7天定投训练营》 • 《新手起步计划——一看就会的基金入门指南》 • 《7节课让你玩转基金》 • 《带你深扒热门版块》 • 《手把手给你进行基金"扫盲"》 • 《基金组合7天特训营》 • 《债券基金投资营》 • 《投基方法论，7天一起成长》 • 《规避五种错误行为，大幅提高基金收益》
进阶	• 《如何找到适合自己的投资策略》 • 《会买的是徒弟，会卖的是师傅——基金买卖技巧快闪营》 • 《市场经济数据与基金投资究竟有什么关系？》 • 《明星基金经理大盘点》 • 《基金定投快问快答》 • 《8节课助力搭建投资框架》
高手	• 《见招拆招，投资高手的正确打开方式》 • 《7天价值投资训练营》 • 《各类基金挑选攻略》
备注：以上内容均基于四大核心内容进行分裂设置而成	

解锁进阶和高手营
获取精美周边

比如，以九思 7 天定投训练营为例，我们先制作了配套的宣传海报，然后制造稀缺性，最后制作了进群之后的欢迎词、入群须知、开营仪式，以及每天所发内容的提前预告，如图 4-7 所示。

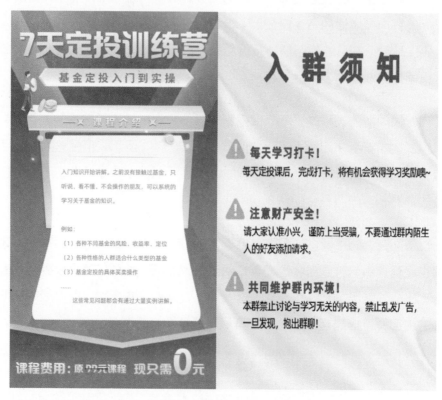

图 4-7　九思 7 天定投训练营

有了框架和每天的具体的安排、提前预告等，就能让快闪群活动办得更加正式，在客户心目中占据更高的位置，从而为下一次的拓新转化、客户激活奠定更好的基础。

（三）产品法（大的机遇可遇而不可求，遇到就抓住它）

产品法其实是回归到知名营销专家小马宋所说的"营销的'营'其实是经营的'营'"的逻辑起点去看拓客，商业逻辑的本质决定了一切的基础。如果我们一直都有别人没有的产品（现实中几乎不可能），或在关键节点做出来一些爆款产品，那这就属于可遇而不可求，一定要抓住机会，因为我们最后会发现很多大的发展、大的机遇，都是基于一种阶段性的战略产品优势带来的结果。

比如有一家证券公司，原本是一家 C 型营业部，即小型营业部，它的几个大的战略机遇都是因为把握住了当时的市场给予的产品机会。在 2004 年、2005 年的时候，这家营业部还是一家行业排名前二十的券商公司下面的一家 C 型营业部，他们的发展苗头起于 2014 年、2015 年，他们顺应市场行情，通过银证合作、渠道下沉，以定投方式做起，短时间内获得了很好的成果，使营业部有了较大的发展。但我们都知道，这种基于市场行情获得的辉煌往往昙花一现，行情过去之后也会出现一地鸡毛，甚至会让客户非常失望。

好在短暂的颓废和打击没有令这家营业部一蹶不振，很快在 2016 年的发展趋势中又迎来了自己的朝阳。他们利用了当时公司总部的保证金余额理财产品（这是与我当时所在的公司××基金合作的一个拳头产品，货币基金的收益在整个行业里面排名数一数二），配合营销的收益释放，从而走入大众视线。其实当时的保证金余额理财产品在很多券商也有上线，但这家营业部将其功效发挥到了极致，他们具体的操作方式是：进一步下沉客户，不仅保证自己的所有存量客户全覆盖并且到县域城市去外拓客户，借助这款产品完成了客户的大比例拓新和激活，然后迅速对客户进行引导，配合定投和资产配置转型；同时即便是股票投资，该营业部也引导客户远离频繁交易，并为其遴选低价格、低价位、高安全边际的"两低一高"标的（见图 4-8）。

他们通过这种方式让客户在随后的 2018 年的 A 股大跌中获得了更好的体验，该营业部的负责人也成功晋升为四川分公司副总经理，而该营业部也持续发展成一家规模和实力都不容小觑的券商营业部。

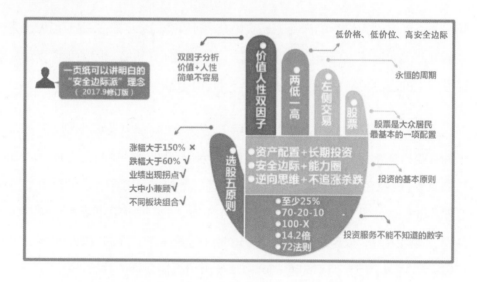

图 4-8　该券商以及营业部践行的安全边际派选股和投资方法论

为什么这家营业部可以通过保证金余额理财产品迅速发展起来呢？原来保证金余额理财产品虽然并不稀缺（当然拥有较高收益率的保证金余额理财产品还是拥有一定的稀缺性的），但因为很多券商基于自己的利益考量，不敢或不愿"壮士断腕"（如果不引导客户签约保证金余额理财产品，券商自身就可以利用客户的保证金余额享受银行较高的息差），从而让真正愿意"壮士断腕"的机构和从业者果断出击，把握住了这一战略级的机会，靠着余额保证金理财产品得到了大的发展。所以，生活或工作中并不是缺少美，而是缺少发现。其实他们的成功还得益于具有的高瞻远瞩的目光和服务他人的意识，让他们在成就他人的同时也成就了自己。彼时此刻恰如此时此刻，当前环境下的财富管理转型以及买方投顾的落地逻辑难道不是一样的吗？

除了保证金余额理财这种战略级的产品之外，我们的工作场景也不乏一些爆款产品的机会，我们也可以利用这样的机会来完成客户的拓新和激活，这类产品之所以会成为爆款，往往就是因为其开启了限购。我们恰恰可以利用产品额度有限，客户又想买到足够的产品额度的诉求来提供服务。比如在产品发行之前和发行当天与客户保持密切的沟通，不断提醒当前产品的限购比例，让客户把更多的资金转进来，并在产品配售结束资金返回到客户账户时，给客户提供有针对性的一对一的定制和专属服务，尽可能让客户把钱留在我们的平台。当你不知道客户有多少资金的时候，你无计可施；但当你知道了之后，你就有非常多的方法能为他提供服务。

战略级产品和爆款产品不是时时刻刻都有的，因为这些产品都是可遇不可求的，但是可遇而不可求的产品一旦出现了，你就要用敏锐的眼光去抓住它。而在日常没有这种产品时，我们也要将"产品法"的思维灵活应用，比如我们会有高客专享的产品、新客专享的产品、高客定制的产品和一些包装出来的稀缺产品，这些都属于我们日常的机会，我们也要捕捉这些机会来拓客，把它们宣传出去，就会有效果产生。

三、转化——如何在估值不高时让客户加仓

在权益大时代到来的当下，在市场整体估值不高时，对于轻仓者和长线投资者而言，每一次回调都是更好的加仓机会，因此我们要勇敢布局。

但是，一线的财富管理从业者会说："在别人贪婪时恐惧，在别人恐惧时贪婪"，这话说起来简单，真到了这种时候去给客户说加仓，客户根本就不会听。

虽然客户有各种各样的不理性理由，但我们也知道，客户之所以买基金，绝大多数情况并不是玩玩而已，他们还是想赚钱的。有了这样的共识，我们就能顺利介绍下面的内容。

（一）有关适应法则

在畅销书《怪诞行为学 2——非理性的积极力量》中，作者丹·艾瑞里举了这样一个案例：癌症晚期（已经历过巨大的痛苦和疼痛折磨）的患者、前期

在执勤中摔断了胳膊或大腿的警察、前期在拆弹部队服役期间被炸伤的士兵，这三组人员分别进行热水痛觉感知实验（手臂在热水中停留的时长），其目的是看之前的受伤和疼痛情况是否会影响后续他们对疼痛的感受。

你能猜出来这三组参与实验的人员中谁最无法忍受痛苦，而谁又是最能忍受痛苦的吗？

后两组的答案可能我们会有所预判。整体上相对轻症的执勤警察对热水痛觉感知的忍耐要远小于之前被炸伤过的士兵。这说明尽管实验的参与者是多年前受的伤，但他们忍受痛苦的方式和能力似乎都发生了全面的变化，而且这种变化能够一直持续很长时间。

但是第一组的观察结果给了我们更多的思考。癌症晚期的参与者对疼痛的忍受能力不但比第三组（重伤组）低，而且比第二组（轻伤组）也要低。

为什么会出现这样的情况呢？作者在图书第六章处给出了他的答案——疼痛耐性取决于痊愈的希望。

疼痛是一种相当复杂的感受，人们感受到的疼痛总量不仅受到伤情/病情的影响，还取决于人们对受伤意义的诠释。也就是说，人们对于疼痛的适应能力，取决于他建立起来的疼痛与痊愈的关联，这种关联可以帮助他克服某些伴随疼痛而来的负面情绪。

这个故事/案例无疑是深刻的，在不同的场景中或许能让我们思考很多问题的答案，比如我们是否应该告诉得了重病晚期的亲人/朋友关于他们的真实病情。

（二）有关市场变化与引导客户操作的关系

现在我们要聊的是有关市场的话题，之前我们让客户下跌时加仓（类似于上面的实验），客户之所以拒绝（类似于上面实验中的低耐受），核心原因是我们没有引入痊愈的希望，也就是缺少了对客户下跌加仓（痛苦）与最终盈利赚钱（痊愈）之间的关联。那么如何建立这种关联并让客户一下跌就自愿加仓呢？

第一，功夫在诗外，日常就要加强免疫。

虽然客户都不喜欢被说教，但客户也都不喜欢真正亏钱。所以我们平常就要对客户加强免疫，持续不断地去做客户的引导与教育工作，让他们变追涨杀跌为"价值投资""逆向投资""资产配置"。这些内容常讲常新，主要目的就是让客户在意识里绷紧下跌加仓与最终盈利存在着直接关系的这根弦。

第二，触发的力量，下跌与加仓形成黄金搭档。

当产品估值不高（这一点很重要，它代表着安全边际），市场又大跌时，都要跟客户说加仓，要坚持说，不能三天打鱼两天晒网，因为实验表明，人们在做一件不是那么愉快的事情时，如果中间休息了，后续再启动难度就会加大。

所以，如果你认同这样做的策略和逻辑，就最好能够身先士卒、知行合一地做出表率。如此，后续市场下跌就会成为一个体验式营销的开端和改变客户行为的触发信号。这是我们助推客户做出决策的逻辑和方法的基础与前提。

在模块一我们专门说了助推其实是完全围绕财富管理的核心目标，即是实现投资者中长期持续稳定开源节流的保值与增值而展开的，虽然在具体的结果体现上我们完成了产品的销售，客户完成了产品的配置，但是我们的出发点并非为了营销而营销、为了卖产品而卖产品。

在此我想再次重申极为重要的一点，那就是金融营销与其他行业营销的不同之处。投资需要说教，营销只需迎合，而金融营销则需先迎合再说教，因为在金融营销的背后，关乎着一个个家庭的安身立命之本。金融营销更需要职业操守、道德准则和行业规范来约束和规范我们的行为，当然更核心的还是我们作为这个行业的从业者，在理解这个行业的独特性和差异化后，自发建立起的更崇高的使命感和责任感。而且，纵观海外财富管理行业的发展，我们也能看到，将来这个行业一定会是一个越来越值钱的行业，因此其专业溢价和顾问溢价会在未来进一步地反哺每一位不断迭代的从业者。

四、转化——基金助推的知识营销体系和个人品牌打造

关于知识营销，我想先举一个小例子，是关于我的两位北大 MBA 的同学和我在 2020 年 2 月 3 日（周一）交流的情况。

当时处于新冠疫情期间，那天是春节假期后的 A 股首个交易日，一开市整个大盘都逼近跌停，市场大跌近 8%，整个市场都人心惶惶。而这个时候怎么办，是对每个市场参与者非常现实的考验。

我的两位同学，经常读我写的一些文章，也听过多场我分享的有关财富管理的理念和知识的讲座，掌握了一些操作的精髓，明白了在市场相对低点就是投资机会的道理，因此她们都做到了在市场大跌的当天，不是恐慌地问我要不要赎回，而是问要不要加仓、加多少。

其实，这两位同学也都有为她们服务的理财经理，但为什么在大跌之际都第一时间想着和我联系，而不是征求和她们交流更多的理财经理的意见呢？我想一方面是因为我们之间没有利益关系，她们觉得得到的答案会更公允，当然可能还有另一方面的原因，那就是她们可能觉得我的建议更加"权威"。于是这就延伸出了一个问题，作为财富管理行业的从业者，怎样才能更好地构建出自己的权威形象？

我们看到有些银行卖产品会做一个活动宣传板，上面写着"行长推荐"。行长推荐有效吗？还真有效。去银行买金融产品会有行长推荐，去超市买百货会有店长推荐，这都是在客户心目中构建"权威"形象，形成"权威效应"。

权威说的话都更有分量，更容易起到"一句顶一万句"的效果。比如，明星代言、专家讲话、明星基金经理直播等都是让权威发挥效果。

"权威"一词在百度百科中的主要意思有两个：①权威是指权力、威势；②使人信从的力量和威望。显然，我们这里讲的权威是第二个意思。那怎么来构建这种权威的形象？其实也很简单，有两个主要的逻辑：一个是专注且持久。所谓"长期主义者没有敌手"说的就是这个意思，在一个领域深耕足够长的时间，你自然就具备了成为这个领域专家的资本；另一个是传递价值。所谓"酒香也怕巷子深"，把酒搬到离巷子口近一些的地方，让好酒的味道散发出去有助于权威效应更快地形成。将这两个逻辑结合在一起，就是知识营销要达到的效果。

以我们九思汇智为例，从 2018 年创业至今，我们没有一名销售人员主动去拜访过一位机构的领导和负责人，因为我们知道，即便去拜访，很多时候也是无疾而终的。同时我们也没有合作过一家所谓的经纪公司和中介机构，但是即使这样我们依然能够在这个生态中健康地活着，自成立起至 2025 年，服务了近 300 家金融机构，线上知识店铺（九思汇智学院）有 22 000 多名付费从业者用户。这源于什么呢？我想就在于我们持续不断地输出干货以及向外分享，告诉大家我们可能是一朵你们所需要的好花，在我们这儿你们可以采到好蜜。而我们又是通过什么方式向外发出"味道"呢？一方面是通过"巴蜀养基场"的公众号文章，关于在公众号上发文章，我们做到了除周末和节假日以外的日更，高频地和关注了我们的 8 万多名从业者粉丝进行互动，并且在这样高频更新的情况下尽可能地保证每一篇内容的质量，基于此我每年大概要写至少 30万字的文章；另一方面则是通过我们线上/线下课程、培训效果的口口相传。

所以，我们是在做咨询吗？其实我们是在做知识营销，通过沉淀知识以及分享知识构建权威，从而不断地激活和转化老客户，同时也不断地吸引新客户。当然这样的逻辑不仅仅适用于我们，对于财富管理行业同样适用，并且在财富管理转型的当下去践行它会发挥出更大的价值。过去，我们常说"专业不如隔壁银行的一壶油",因为之前产品是同质化的,只有在产品之上的利益才是货真价实的。但这一切随着资管新规的落地,资管产品净值化时代的到来戛然而止。打破刚兑这件事不再是一句口号,而是实实在在正在发生的事情。近年来,随着固收类产品的频频暴雷,从私募到信托产品,再到部分银行理财产品甚至一些公募债券产品,波及的人员越来越多,人们也开始真正第一次前所未有地关心自己的钱袋子,关注理财产品背后的逻辑,之前听不进去的专业知识,现在也开始慢慢听进去了。

因此,关于财富管理体系的知识营销我有四句话:"提前半步是先驱;提前一步是失败;落后半步是人性;落后一步是淘汰。"也就是发挥专业的价值,卡准时间提前半步,聚焦当下的同时也布局未来才是最好的。而现在的时点,就是提前半步的时点。

具体如何做更加体系化的"知识营销",从而构建个人权威(个人品牌)呢?我为之构建了一个简易的模型,叫作 POSE 模型。这里的 POSE,是 Position(定位)、Output(输出)、Share(分享)、Entry(输入)四个单词的首字母组合。为了方便记忆,你可以理解成"摆个 POSE"。当然,我也要多说一句"重剑无锋、大道无形"。真正的顶级权威都不是蓄意为之的,品牌需要沉淀,时间对于投资、成长来说都是"玫瑰"。

(一)P——Position(定位)

一个企业通过差异化定位可以快速占领人们心智,抢占市场,甚至成为一个品类的代表。比如加多宝,从一开始的"上火喝凉茶",到"怕上火就喝加多宝",把一个饮用习惯为地域性的品类变成了随时可以饮用的"饮料",销量大增,并带动了整个凉茶品类在全国的热销。足可见,在打造企业品牌的道路上,差异化定位是多么重要。同样,在构建个人品牌时,差异化的定位也同样重要。

　　如何构建差异化的定位？这对于财富管理机构的从业者而言，貌似有些难度。比如，都在同一家机构，你将自己定位成"××机构最优秀的投资顾问/理财经理"（如果有奖项或证书加持最好），貌似你的同事也可以这样做，这样差异化也就很难体现了。那要怎么办呢？其实可以从数学图形中找到灵感，我们说，两边相交方能形成一个夹角和一个点，如图 4-9 所示，但如果是一条边的话，是没有办法定位出一个点的，因为一条边上会有无数个点在上面随意游走。这带给我们的启示是，如果我们想要形成一个有效的定位，往往就需要有两条边，即我们需要有两个可以交叉的限制性条件。

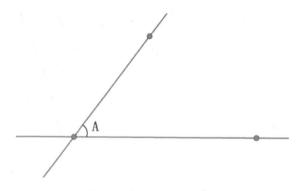

图 4-9　交叉的限制性条件

　　还是以上面"××机构最优秀的投资顾问/理财经理"为例，我们可以将"专业"作为图形的一条边，"情感"作为另一条边，如此"专业+情感"相交所形成的你，就是独一无二的。而这种独特性不仅会让你和你的同事都不相同，而且也会让你区别于智能投顾，因为你定位的差异化形象是立体的和有温度的。

　　同样，我以我另一位北大 MBA 同学为例，她是国内某综合性券商成都营业部的负责人，她做了自媒体，名字叫作"亮妈慧理财"。为什么她会起这个名字呢？因为她有一个儿子，儿子的小名叫亮亮，同时她的名字里有一个智慧的"慧"字。刚好"慧"通"会"，"慧理财"表现出了她专业的一面，表明她是一个善于理财的人，而"亮妈"又展现了她富有温度的一面。专业又有温度，她定位的差异化一下就体现了出来，从而脱颖而出。这个案例只供大家借鉴和参考，具体如何进行差异化定位，还要根据自己的情况来设计。

（二）O——Output（输出）

有了定位之后，接下来就是围绕定位进行有效的内容输出了。何为有效？简单来说就是，你的内容一定要围绕你的定位展开，不能漂移。具体要输出什么样的内容？其实可以概括成五点，分别是原创性、价值性、真实性、针对性、积极性内容。

当知识营销也成为一种行业风潮或标配之后，大家发布的内容也变得越来越同质和没有营养。可能是自己平时的工作太忙了，又觉得同事们都在发布信息，自己也不能落下，也要刷个存在感，所以很多信息都是拿来主义，直接将所在机构或行业提供的一些资讯或话题转发出来，当成自己的。但这样做其实是在用战术上的勤奋掩盖战略上的懒惰。这样对于打造我们的个人品牌、形成个人权威起不到积极的作用。

请记住，只有原创的内容才会代表一个人的人格，才会有利于形成自己的品牌价值；只有能带来价值的内容，才能持续吸引用户；只有真实的内容，才会引起用户的情感共鸣；只有针对性的内容，才利于识别和抓住核心用户；只有积极性的内容，才有被大范围传播的可能性。

但是，你可能会说："这样的要求太高了，我每天还要忙着各种具体的事务性工作，哪有那么多时间和精力去做这样的内容呢？"别着急，上面的这些要求看起来很高，但其实都是有技巧的。

比如真实性和积极性主要针对的是你的"情感"，这一点我就不多做赘述了，而原创性和价值性可以结合。所谓的原创并非让你完全原创，但是你至少要有自己的见解和思考，再放上你个人的联系方式以及一句自己的 Slogan 等。而关于价值性，你要相信，你随手转发的机构或第三方的一些投教材料也都是有价值的，只需要你做一个顶层设计，然后进行简单的分类和梳理，比如我们得知道，财富管理的理念和知识类的内容大概可以分成几类，每类大概可以包含哪些内容，这些内容在现有的资源下可以怎样整合等。而关于这些，相信下面的内容可以助你一臂之力。

1. 财富管理知识分类

以投资知识教育为例，包括以下内容。

（1）思维。思维主要是跟金融思维、投资思维和财商教育相关的内容。这是投资教育着重引导和传递的内容点，主要包括行为金融学中的行为偏差的科普与介绍。

（2）工具。这里的工具专指财富管理端普通投资者的投资方法与工具，比如从标准普尔家庭资产配置四象限，到投顾四笔钱，到财富管理端的资产配置方法论，再到基金投资专业应对的"仓位管理、均衡配置、长期投资、动态平衡"十六字箴言，用客户能听得懂的语言和方式，让其理解和掌握这些大道至简的方法。我们不用怕教会了徒弟饿死了师傅，因为客户真正明白了方法之后，才会更有安全感，从而让客户与我们更心有灵犀，更愿意听取我们给予的产品配置建议。

（3）产品。产品的内容就很多了，从纯债、混合债、"固收+"、偏股到指数基金（含 ETF）、量化、港股及海外基金等，涉及的内容很多。我们曾为某邮储银行定制了一个为期两个月的银行投顾产品提升训练营，涉及银行净值化理财、公募基金、券商资管和保险等线上课，内容非常丰富多彩。

（4）创新。创新是比较多和杂的，涉及对市场、监管、产品的最新变化的解读和对趋势的看法等。

除了投资知识教育的内容之外，还有人性关怀教育的框架和内容（也就是有关投资"者"的"者"的内容）。人性关怀教育可以从修心（国学、哲学经典的解读与金融投资的融合）、修身（冥想、禅修、辟谷等）等各方面的知识与实践结合展开。

2. 财富管理知识来源

关于财富管理知识的素材，我在这里简单梳理一下，总共包括以下四类。

（1）思维类。思维类主要从书籍中来，这类书有很多，经典的有《穷查理宝典》《富爸爸穷爸爸》《小狗钱钱》等，这些书我们在公众号上都写过一些简评，感兴趣的读者可以去看看，当然更推荐大家去阅读原著。

（2）工具类。工具类直接看这本书模块二内容就可以了。当然也可以参考我从事该行业以来做的第一个线上内刊《财富管理端的资产配置——理财师的第一堂专业必修课》，这个课程也是目前公司的精品线下培训课程，有需要的读者可以联系我们。

（3）产品类。

①基金。推荐书籍：范勇宏的《基金长青》、中国证券投资基金业协会的《基金》以及中国证券投资基金业协会编写的基金从业考试教材等。

推荐公众号：巴蜀养基场、韭圈儿等。

②理财产品。推荐书籍：谭松珩的《银行理财蓝宝书：透视银行理财的运行内幕》、柳灯和杨董的《银行理财蝶变十年》、中国银行业协会的《资管新规及理财办法解读手册》。

推荐公众号：资管云、金融监管研究院等。

（4）创新类。推荐公众号：金融监管研究院、中国基金报、券商中国等。

（三）S——Share（分享）

1. 主动分享

在生活中，我们可能会遇到这样一类人，他们的能力和我们的差不多，但机遇却比我们好，事业也比我们成功，通常这时候，我们会有些不服气，会抱怨自己怀才不遇，其实很多时候事实并非如此。那些我们不服气的人，可能只是把我们不屑于做的一些简单的事，通过重复做、反复做，做成了精品，并把它们分享和传播给了更多的人，令更多人受益而已。

什么意思？创造价值并传递价值才能形成一个价值回路和闭环，那些成功的人正是这么做的，而大部分有能力的人，都只是一直在重复输入、输出，但没有传递和分享，因此也就很难形成闭环。那些擅长经营个人品牌的人，不但善于分享和传播，还会精心设计传播点，引发大家的主动传播。所以，有没有进展到传播层，是个人能力和个人品牌的分水岭；而有没有进行主动的传播策划，则是个人品牌运营能力的分水岭。

所以，如果你刚刚开始打造个人品牌，第一步是开始有意识地定位和输出，第二步是将自己输出的内容通过各种阵地分享出去，那么这样的阵地可以是微信生态（公众号、朋友圈、微信群、企业微信、视频号等），其他自媒体（抖音、小红书等）及线下微沙龙等。如果你已经有一定的品牌基础，甚至有自己的自媒体，也一直在做传播引导，但是进入了增长瓶颈期，那么可以尝试找到更多新的应用和传播场景，实现跨界或许也是一条不错的出路。

2. 输出方式

（1）输出类型。公众号文章、线上线下微沙龙、精品内刊（文章、图文或音视频）、书籍、问答、短视频乃至专栏等。

（2）输出平台。

- 音频：企鹅 FM、蜻蜓 FM、荔枝 FM、喜马拉雅 FM、草莓 FM。

- 投资理财垂直平台：叶檀财经、保险师等。

- 自媒体：微博、微信、公众号、社群、各种 App。

- 短视频：快手、秒拍、抖音、视频号。

- 直播：B 站、花椒、映客、咪咕。

- 文章：简书、今日头条、搜狐、网易、百家、虎嗅、36 氪等。

- 线下：自己工作圈内的沙龙、讲座、跨行业及各种共享社群的沙龙、讲座等。

3. 保持互动

将内容分享出去后，有些反馈是实时的，有些反馈则是非实时的。之前我们一再强调内容生产的重要性，但分享出去之后的互动和运营同样是重要的。因为内容能引起用户的情感共鸣，而互动能满足用户的精神体验。

我们从创业到现在，完全是一场真人秀，我们把我们的迷茫、探索、追求和失落都淋漓尽致地展现给了每一位关注我们的小伙伴，每个小伙伴也都有了参与其中的机会，有人支持了我们一把，给我们介绍了线下的培训业务，有人购买了我们的课程，有人则给我们提了很多宝贵意见，指出了很多方向，还有人连接了很多我们的资源，创造了更多的可能性。

小米的联合创始人黎万强曾说过，小米在媒体上快速引爆的秘诀只有三个：第一参与感，第二参与感，第三还是参与感！小米论坛上一个简单的技术帖子，都有一两万个回复、几十万点击量，一群粉丝狂热到即使面对细微的技术细节，也能忙碌整个晚上。不仅是产品本身，从创意、设计、服务到营销的所有环节都是开放的，用户都可以参与进来。

"自由，开放，共享"是我们在 2016 年刚开始做"巴蜀养基场"公众号时就设定的理念，现在我们依然如此。只不过这次是我们探路，大家随行。

用心输出内容，用心对待用户，把用户当朋友对待，重视线上/线下互动，才是个人品牌发展壮大的核心。

（四）E——Entry（输入）

和过去不一样的是，现在我们已经知道酒香也怕巷子深，那把酒搬到离巷口更近的地方，对提升酒的知名度有没有好处？

答案是肯定的，我们告诉自己有很多重要的事情要做，但往往受制于琐事、烦心事和惰性而将这些重要的事情一拖再拖。如果你一旦开启了个人品牌打造的 POSE 流程，这一步就是逼着你要去完成的。如果说输出阶段本身也是一种输入的话，那么此阶段就是由整个 POSE 流程在倒逼我们进步。因为分享阶段会让我们得到反馈，加上我们还要持续输出，于是就需要我们不断输入。所谓以教为学，教学相长就是这个意思了。

（五）总结

打造个人 IP 的 POSE 流程——先定位再基于定位的输出试水，并分享及传播，然后反哺再输入，内化提升。这是迅速提升个人品牌，构建个人权威的方法。但如果我们用这个流程中的四步来描绘从 0 到 1 打造个人 IP 的过程，那么到达输入这一环，我的理解还只是到达了 0.5，从 0.5 到 1，还要再次经历一个 O（输出）与 S（分享）的过程。这就如同 DNA 螺旋向上的结构一样，只有不断迭代，不断在过去的自己的基础上修炼自己，才能收获属于自己的那束光。所有过往，皆为序章。

五、转化——助推基金决策的六大影响力原则

常规的基金营销策略有哪些？我认为是两大类，一类是依托于专业力的知识营销体系，另一类则是依托于销售力的社会心理学体系。而依托于销售力的社会心理学体系，可以囊括到 6 种能深度影响客户投资决策的原则中，它们分别是前面我们已经提及的"稀缺""权威""互惠""承诺与一致""喜好"，还有"社会认可"。而实际上，第一种依托专业力的知识营销体系其实就是"权威"原则在基金营销中的应用，但其同样可以纳入到第二类的范畴里。这一节重点讲解剩下的五大原则。

（一）稀缺

1. 市场上不缺资金，缺的是好产品

如果我们想把一款金融产品卖好，一个很重要的销售点是卖稀缺。但是问题来了，平时我们卖的产品真的稀缺吗？并不稀缺，比如公募基金都是由各大有基金代销资格的财富管理机构销售的，都很常规和普通。而且不仅我们平时卖的常规的基金产品不稀缺，哪怕是一些明星基金经理新发的只在某些特定渠道上线销售的产品，似乎也不稀缺，为什么这么说呢？

我们先来看这样一个现象，每当一款基金产品被卖成了爆款，比如单天销售额过百亿元，或在市场情绪相对低落时一天就募集结束，卖了小几十亿元，我们就会看到"市场上不是缺资金，缺的是好产品"这样的观点在朋友圈被持续刷屏。真的是这样吗？并不是，下面我们说一说这个观点为什么是不对的。

市场上不缺资金，这一点已经从结果上得到了证明，无须多言。但是市场上真的缺好产品吗？要回答这个问题，我们需要界定什么是好产品。

其实第一只真正被说成是好产品的产品是在 2020 年 2 月 18 日发行募集的 ××均衡价值三年持有期产品。该产品于 2023 年 2 月 21 日进入开放持有期，首发买入的客户持有三年的净值是 1.38 元，虽然没有睿丰那只三年期产品那么惊艳，但我相信在经历了市场低谷，特别是 2022 年的市场整体下跌后依然能够拿到 38% 的绝对收益率，很多客户还是满意的。该产品当时首募了 1200 亿元，而实际限购 60 亿元，所以配售比为 5%，而 1200 亿元的首募规模也创造了公募基金自 1998 年到 2020 年 2 月以来 22 年的发行纪录。当时募集该产品时，基金经理赵枫以及随后其他陆续卖成爆款的基金经理的过往业绩基本维持在了 20% 的复合年化率水平。所以，当时我们就做了这样一个统计，以 60 亿元作为一只产品需要限购的标准，因为规模太大势必对基金经理的操作造成影响（实际上，之后的几年一直到现在，很多百亿元限购乃至 120 亿元限购的产品开始遍地开花）。统计近 3 年年化率为 20%（截至 2020 年 2 月 20 日）的产品（剔除指数基金和个别特殊品种基金），发现仍有 19 只基金，累计存在 537 亿元可申购空间；近 5 年年化率为 20%（截至 2020 年 2 月 20 日）的基金（剔除同一基金不同份额及指数基金外）共有 36 只，存在着 1144 亿元可申购空间。

所以，市场上究竟缺不缺好产品呢？如果以当时的时点，投资者拿钱把这 1144 亿元的缺口全部填平，我们就会感叹说，"市场上不缺资金，缺的是好产品"，然后蜂拥而至去抢所谓的好产品，但显然事实并非如此。

综上所述，"市场上不缺资金，同时市场上也不缺好产品"。有些朋友可能会想，时过境迁，从 2020 年到现在又过去了几年，现在是不是那些缺口都被填平了呢？如果你是一个有心人，则可以去做一个类似的统计，这个统计我并没有做，因为答案我已经猜到了。

2. 爆款基金的成因是什么

没有所谓的稀缺，市场上不缺资金，也不缺好产品。但是一款产品能够被卖爆，一定是有原因的，一定是把市场上真正缺的东西给填平了。那么市场上缺什么呢？我给出的答案是，市场上缺情绪，缺关注度，缺眼球，缺势能差。也就是前面我们所说的，即便是好酒，你也要将其搬到巷子口来。而如何把酒搬到巷子口，去营造出这种情绪、这种关注度、这种眼球、这种势能差？则需要天时、地利和人和的共同作用。

马尔科姆·格拉德威尔的《引爆点》一书把爆款产品的成因归结成"三原则"，分别是个别人物法则、附着力法则以及环境威力。同样源于市场的情绪沉淀和集聚、蓄意营造与助推而诞生的爆款基金也可以归结到这"三原则"里面去。

这里面，起到情绪的沉淀和集聚作用的是"天时"，其对应的是引爆点里的"环境威力"，一只产品能不能卖成爆款并不取决于市场是否处于牛市，而是取决于在产品发行之前的一段很短的时间里（比如一个月甚至是半个月）是否处于一段强势的上升阶段，如果是，"天时"就具备了，如果不是，"天时"就不具备。

起到情绪的蓄意营造作用的是"地利"，对应的是引爆点里的"附着力法则"，指的是担当排头兵的营销阵地，即爆款附着的地方。无出其右，具有市场影响力和号召力的财富管理机构在爆款产生的过程中必不可少——大银行或大券商或大三方，或大银行+大券商+大三方。

起到情绪助推作用的是"人和"，对应的是引爆点里的"个别人物法则"，这里才是指的基金公司、管理团队和基金经理本身。也就是，产品业绩只是爆款基金产生的必要非充分条件，市场上业绩好但规模不大的产品有一定的价值，且大量存在。

稀缺原则在金融产品营销当中的最重要的一个结论是：稀缺本身不重要，因为根本就不存在真正的稀缺，但是我们学会营造稀缺的感觉很重要。

3. 如何营造稀缺的感觉

一款产品被卖出去，需要我们营造出稀缺的感觉；一款产品被卖爆，更需要我们营造出稀缺的感觉。你要相信，我们总能在一款基金产品当中寻找到稀缺的影子，比如一款产品 60 亿元乃至 120 亿元限购，这是什么稀缺？这是产品额度稀缺；如果产品只卖三天，三天后封闭，这是什么稀缺？这是时间稀缺；如果产品既不限购，也没有时间限制，但是这款产品的基金经理三年没发新产品，三年磨一剑，那么这是什么稀缺？这是基金经理稀缺。如果基金经理发的产品非常契合发展趋势或政策红利，这是什么稀缺？这是投资方向稀缺；如果投资方向也不稀缺，那么可能产品策略很稀缺……

如果你找了半天，最后说这款产品一无是处，一点稀缺的感觉/影子都找不到，那么我会给你一个建议，就是别去卖它。何必呢？天下的鲜花多又多，何必在一棵歪脖子树上吊死？

4. 爆款产品要不要参与、怎么参与

前面已经说了，爆款产品不仅需要营造出稀缺的感觉，而且还需要天时、地利、人和的配合，所以一旦一款产品成为爆款，就会面临被配售的局面。而产品一旦被配售，客户能买到的份额可能就会很少，同时对销售经理的业绩贡献好像也不大。那这样是不是就不参与爆款产品的销售了呢？

我的答案是一定要参与销售。就像前面说的，客户的情绪被点燃往往需要各种因素的共同作用，我们只是其中很小的一环。投资需要说教，营销只需迎合，如果你想少一点说教，又能让客户欣然应允，并且最后依然能够实现财富管理的目标，那么在市场估值不高时，爆款基金的配置就是最好的选择（之一）了。

所以，一定要卖爆款基金，不仅要卖，还要提前研判一款产品会不会成为爆款，从而做出更加充分的准备。从广覆盖到精预热到造势烘托，再到实际开卖时的持续跟踪，帮助客户买到他想买到的资金规模，如果遇到限额，部分资金未购买成功被退回，则再次营销最适合客户的产品，一气呵成，一条龙服务，这才是爆款基金的正确打开方式。

最后，我们再来讨论一个最本质的问题，那就是为什么"稀缺的感觉"会催生购买力？答案是人们存在损失厌恶和逆反心理。

（1）损失厌恶。

不管是"限额"还是"限时"，稀缺都会给人一种要失去的感觉，从而激发人最根本的"趋利避害"心理，人对于利和害的偏好程度完全不同，其中对于"害"是极度厌恶的，也就是我们所说的"损失厌恶"。正是因为存在这种强大的力量，使得我们在强调一款产品的稀有价值时，人们就会因为想要规避损失而选择购买。

我们卖金融产品就是在卖稀缺，但这是一种真正的稀缺吗？存在真正的稀缺吗？显然并不存在，我们卖的其实是营造出来的一种稀缺的感觉。我们总能也总需要在一款基金产品中寻找到稀缺的影子。

（2）逆反心理

在人一生中的绝大部分时间里，都存在着逆反心理这种行为动机，只是在"可怕的两岁"和青春期这两个时间段，逆反心理表现得更为明显。

弗洛伊德将人的内在动机总结成性冲动和破坏性，又进一步将人性心理发展划分为五个阶段，分别是婴儿期，2～3岁期，5～10岁期，6～11岁以及12～18岁期。

在2～3岁期和12～18岁期这两个年龄段都以个性意识觉醒为特点，控制、权利和自由等问题显得极为突出。

但其实除了这两个年龄段的人之外，几乎所有阶段的人都对限制特别敏感。越是被限制，越是要突围。越是不让做，越是（想）要去做，即每当有东西获取起来比从前难，我们拥有它的自由受到限制时，我们就越发想要得到它。

比如，一本书一旦成为禁书，反而就会流传得更久远；一个东西如果被限定为特殊人群专享，反而会销售得更好等。

由此，我们也可以得到启示，教育或引导一个人，如果不想让他做什么事，则可以并不一味地对其进行限制，而是在一定程度上进行"鼓励"。而如果你想让他做什么事，则最好设置条件、进行限制，比如一款基金产品限时、限量、限人群等。

（二）互惠

互惠，是我们平常驾轻就熟的一种策略。

逢年过节，我们针对不同贡献价值的客户，往往都会准备礼品进行回馈或举办一些答谢活动等，背后其实就是"投之以桃，报之以李"的互惠原则。互惠原则是根植于我们每一个个体的基因，因为我们每个人都不喜欢亏欠别人。

从客户角度出发，你可以将其理解成"拿别人的手短，吃别人的嘴软"。金融市场的机理就是在私有产权得到保护的前提下，金融市场的参与者们从自身的利益出发创造出对别人有价值的商品，然后发生等价交换的过程，这个过程的结果就是达成了互惠。出发点是利己，但最终达成了利他的效果，这就是金融市场的互惠原则。

下面讲一下关于互惠的小贴士和小技巧。

1. 小贴士——不要急于显露目的

虽然我们都知道互惠原则，但是我们可能不知道如何才能让其发挥出最大化的效果。这就是让对方觉得你无利可图或功利心不强。

凡事不要太直接，不要上来就把目标或目的说出来，比如不能刚给客户送了点小礼品，就马上提要求，飞机飞上天还需要经历一个跑道滑行的过程，客户从收到"恩惠"到做出反馈同样需要一个心理跑道滑行的过程，如果你非要揠苗助长，让"飞机"骤然上天，往往会适得其反，越是针对大客户，越不能这么直接。因为一旦让客户觉得你太功利，他的亏欠感就会大幅减弱，于是他就会表面迎和你，心里却决定拒绝你，只是他没有拆穿和难为你而已。

那如何更好地应用互惠原则呢？就是更进一步地将因利己而利他变成因利他而利己，虽然只是字词顺序的调换，但是其背后却是思维方式的巨大转变，真正的真诚付出，真正的不求短期回报，真正的为客户的核心利益考虑，相信赠人玫瑰，手有余香。我们九思在 2018 年成立之初就将宗旨订立为"成全他人，成就自我"，我们把将成全他人放在前面，也把这句话写出来、说出来，就是在告诫自己，在面临具体的选择时要不忘初心，坚持宗旨。

2. 小技巧——"拒绝—回撤"策略

下面分享"互惠"原则小技巧——"拒绝—回撤"策略。什么意思？就是先给对方提一个相对夸张的要求，比如买 100 万元××基金，客户是完全拒绝的，但如果退一步，建议只买 50 万元，同时开启一份大额定投，客户就会基于你的让步，而不好意思拒绝你，从而也会做出让步接受你后面的建议，达成交易，这就是"拒绝—回撤"策略。我们可以发现它其实只是语言上的"恩惠"，并没有耗费一兵一卒，最后却能取得比较好的结果，所以学会好好说话也是非常重要的。当然其实这个策略的背后同样是互惠原则在起作用。这个策略与接下来要讲的"登门槛效应"结合起来使用，会取得更好的效果。

（三）承诺与一致

承诺与一致，是什么意思呢？所谓一诺千金，人们会对自己答应的事在潜意识中形成压力，从而在行为上对这件事给予积极的肯定。"仓位决定观点"说的就是这个意思。

展开来讲，承诺能更加深远地影响一致性的因素有四个，分别是公开承诺、额外的努力、内心的抉择、"抛低球"的技巧。

（1）公开承诺。公开承诺会促使承诺兑现，比如写下来的保证比口头上的说明要有效得多，但可能我们都会有一个体验，就是发在朋友圈的减肥誓言，或者年初立下的 Flag 往往会在执行一段时间后就"哑火"，不是说公开承诺会更有效吗？这又该如何解释？这涉及承诺的持久性问题。

（2）额外的努力。付出更多的努力也会促使承诺兑现，比如在面试的时候，三轮面试流程的设置看似比两轮或一轮面试之后就直接发 Offer 的过程更烦琐，但经历过更多轮面试之后的候选人在拿到 Offer 后选择加入一家公司的概率会显著提高。

（3）内心的抉择。承诺本身就是内心的真实想法，而不要额外增加特别的奖励或惩罚则会增强承诺的持久性，这是什么意思？这一点其实就是第一点中提到的公开立 Flag 之后很快会失效的原因，通过在朋友圈立 Flag，发出去的即刻就会收获很多关注、点赞、评论，我们的承诺便收获到了额外的奖励，后续我们就可以在想要不保持一致的时候告诉自己："自己当初立 Flag 的原因并不是为了实现……而是……"，再加上"群体无意识"，使得在朋友圈立 Flag 就类似于在一个广场上发出一个"信号"，并没有哪个特定的人会刻意对你保持关注，非常较真儿地跟踪你的实际表现。这会让你当初在朋友圈立 Flag 时的心情出现落差，使得你的目标反而更不容易达成。

（4）"抛低球"的技巧。"抛低球"技巧可促使我们将一项承诺当成"内心抉择"，能达到让客户的认知和行为趋于一致的目的。

关于第四点，我会在本模块的第六部分再展开介绍。下面讲两个承诺与一致原则的应用。

1. 假设成交法

我们常用的假设成交法是承诺与一致原则的应用之一，比如当你给客户推荐一款产品，并做了详细的介绍后，你可以说"如果你要选择这只基金，那么可以告诉我选择的理由是什么吗？"或"你选择的这只基金买多少比较合适？"。

我们来拆解一下第一句话，我们让客户告诉我们选择基金的理由有意义吗？答案是非常有意义。有可能你给客户说了一堆内容后，客户压根没有接收到或根本没有入心入脑，但是一旦客户自己说出了理由，比如"这个基金经理的经验很丰富，长期业绩还不错"，或"这个产品比较稀缺，只有一天可以买"，就会在客户潜意识中产生作用，即客户认同/承诺了这一逻辑，接下来再沟通就是承诺之后的行为要达成一致了，这个一致的表现就是"我要买"。

所以，真正的高手，使用假设成交法一定不是上来就说第二句话，"你选择的这只基金，买多少比较合适"，这句话目的性太强了，如果客户没有建构好心理跑道，那么客户就会抗拒，于情于理都应该让客户有一个自发决策的过程。

2. 登门槛效应

我们在前面提到"拒绝—回撤"策略时提到将其和"登门槛效应"一起使用效果会更好。登门槛的意思是，"罗马非一日建成"，你想要客户买 100 万元的股票型基金，就应该从最简单的让客户开启一份定投开始，只要客户开启了一份定投，你就可以说"从今天开始，你已经开启了股票型基金的投资"，你要强调的是，定投和买大额单笔股票型基金背后有很强的一致性，那就是都开启了一份股票型基金的投资。此后，你就可以"登门槛，上台阶"，一步一步地往上提高客户投资的金额。如果客户不接受你提出的新的加码方案怎么办？可以用刚才提到的"拒绝—回撤"策略，让其减少一点投资金额，客户多半就会同意。

讲到这里有一个小问题，我们真的需要先让客户定投，在有了赚钱效应之后，再让客户进行大额单笔投资吗？答案不仅是不需要，而且往往我们也不能这样做。因为定投赚钱往往都经历过市场单边上涨或微笑曲线市场上涨，此时再让客户单笔买入，其实有点类似于"倒金字塔"式加仓，即在市场低点时用定投小比例试探，而在市场涨上去后又让客户单笔购买，这对最终实现赚钱效应是极其不利的。所以我们在客户定投半个月到一个月的时间后就要主动和客户沟通，尝试用"登门槛效应"给其配置单笔偏股型基金。

讲到这里，我们发现，"登门槛"和"抛低球"的操作看似相反，但有着殊途同归的作用，即都能达到让客户的认知和其行为趋于一致的目的。

比如，我们举办的限时限量购买某类产品，领取积分或小礼物（并不与购买者的购买金额挂钩和一一对应）的活动，客户过来时也表示应该还有礼物或积分，但在客户购买过程中我们突然告知他们，准备的积分或小礼物暂时领完了，这时继续选择购买的客户后续对于产品的认可程度会显著优于得到了积分或小礼物的客户。这背后的原因就是，没有得到积分的客户会在购买完产品之后告诉自己，这一切都是自己内心自主做出的选择，从而在后续的行为上保持与这一认知更加一致的表现。

（四）喜好

"喜好"就是投其所好。从某种程度上说，喜好和"权威效应"的逻辑有一定的相似性，也就是即使我们没有办法成为一个客户心目中的专家，至少我们也要尝试成为客户心中喜欢的人。因为让客户产生喜好的感觉，会让客户爱屋及乌，提高你的影响力，从而让客户更愿意接受你的建议。那要怎样才能提高客户喜好的感觉呢？主要有四种方法，分别是有魅力、找相似、更熟悉、问答赞。

1. 有魅力

这个魅力既包括外在的魅力，也包括内在的魅力。长得好看的人，天然会让人更喜欢。当然，我们可能会说，长相是天生的，但实际上，长相并不是外在魅力的全部，甚至不是核心，职业、整洁和干练的形象反而是我们在工作中的外在魅力的核心。同时"腹有诗书气自华"，内在魅力则主要可以通过增加自己的知识和提升涵养来进行修炼。

2. 找相似

人们都喜欢有相似之处的共鸣，比如都爱养宠物，都是宝妈，都喜欢健身、跑步、看书等。所谓"话不投机半句多"，而有很多的相似之处，就容易有共同话题从而拉近彼此的距离。

3. 更熟悉

人们更容易喜欢熟悉的事物，试想一下，一个常年不联系的客户，突然因拆迁拿到了一笔补偿款或继承了一笔遗产，他最可能去找谁给他提供建议进行资金配置呢？答案可想而知，一定是和有持续联系的理财经理或投资顾问沟通。所以，和客户保持一定频率的言之有物的互动是很有必要的。不过要注意，所谓的言之有物就是不要只发节日祝福信息，这基本属于无效内容，除非你的信息写得特别用心和真诚，不妨试一试上一节讲到的知识营销技巧。

从这个角度，也就很容易理解一些财富管理机构的总部设定的一周或者一月固定不少于多少个面访、电话等 KPI 背后的原因了，因为总部鞭长莫及，它并没有办法知晓每一位一线人员的实际工作场景和工作方式，但为了确保大家都能够和客户更熟悉，而制定了这些制度。我们在实际使用时，理应具体问题具体分析，如果有更高效的沟通方式，并且也取得了结果，那么我相信这样的过程管理也是可以变通的。

长得好看的人，天然会让人更喜欢。当然，我们可能会说，长相是天生的，但长相也可以靠穿着、妆容、搭配来提升，从而提升我们的"魅力值"，让我们更受喜欢。

4. 问答赞

问答赞主要强调的是"赞"，罗伯特·西奥迪尼所著的《影响力》一书中将"赞"说成"恭维"，我更愿意用"赞美"来解释，因为"赞美"强调的是一种由衷的正向表达。

在《沟通的方法》一书中，开篇有这样一句话"沟通的目的从来不是只为了'成交'，而是为了完成自我的塑造"。有了这样的认知之后，我们就敢开口了，因为沟通会成为一场无限的游戏，根本没有输赢，我们总能在每一次沟通的过程中收获到一些东西，比如，"哪怕没能成交，我也可以向客户讨教，我还有哪些可以改进的/可以向客户学习的，从而为下一次沟通做准备"。

而在沟通的过程中，我们需要做的就是由衷地赞美，无论是客户观点、情绪还是客户本身，我们总能找到可以赞美的角度，你说呢？

（五）社会认同

社会认同同样是我们构建影响力非常重要的原则，人是群居的动物，只有在人群当中，人们才会觉得安全和自然，所以社会认同原则说的就是构建安全感的原则。

有这样一个小案例：一些快餐店的前台之前往往会放一个零钱捐助箱，捐助箱一般是透明的，上面会写有"捐助给××山区的孩子"等字样。一开始工作人员发现，捐助箱每天都没有什么捐款，后来一个顾问给他们出了一招，让他们每天早上都在捐助箱里多放一些硬币和零钱，不要让它空着。果然，工作人员这样做了之后，愿意随手放入零钱的人真多了起来。这背后就是社会认同在起作用，因此我们要助推客户做出某些行为，就一定要想办法赋予客户的行为以合理性。

另一个小案例：网红奶茶店每天都有排队买奶茶的队伍，本来你是不屑于参与其中的，但是这种情形你看得久了，慢慢就会在潜意识中产生认同感，从而也想去排队购买，并且也不会再觉得排一个小时的队只为喝上一杯奶茶是一件不可思议的事了。

这些案例对于我们来说都是非常有启发性的。比如，我们会去想在基金等金融产品营销中如何合理利用社会认同原则。很简单，我们只需要告诉客户，在我们联系的客户中，已经有 90% 的客户决定在这款产品首发那一刻下单了。此外，我之前常常看到某银行会给客户发一张海报，上面写着"去年在我行购买基金的客户，有 95% 的客户都是赚钱的，平均赚了××元"，这其实也是在利用社会认同做营销。投资需要说教，营销只需迎合，原因就在这里。

当然，不管我们用什么样的数据、什么样的例子，都一定要记得，最后使用的数据一定得是真实的，即我们不能为了营销去杜撰数据来欺骗客户。但是，这时你可能会说，真实的数据没有吸引力。这就错了，虽然我们不能杜撰，但是可以巧妙地将产品最优秀的一面展露在客户面前。

以上这些都是我们在日常基金营销过程中的核心方法，六大原则中的"权威"原则在第四部分已经单独介绍过，这里就略过了。灵活应用这六大原则，将会使你快速在客户心中构建出独属于你自己的影响力，从而助推客户做出相应的投资决策。

其实营销方法并没有对错，因为它们都只是工具，而它们究竟会产生好的还是坏的结果，核心取决于我们如何使用。存正念，走长路！永远抱着金融营销的本质是助推客户做出正确投资决策的初心来进行，我想，营销就走在了一条康庄大道上。基于上述理念，又有哪些借助"影响力"原则的方法不建议在基金营销中使用呢？

1. "送礼"与"提要求"对应的互惠

基于互惠原理，举办答谢会活动送客户伴手礼与邀请客户买××基金是一一对应的。请注意，这里主要强调的是"一一对应"，中间没有心理跑道建设的过程，"送礼"与"提要求"之间形成一一对应关系。

基于互惠原理成立的条件，即便是这种"强制的恩惠"，起初也会产生效果，即我们的要求大概率会得到满足。但是这种做法的背后，会让客户有种被套路的感觉，基本上就是"事不过三"，在持续邀请并提出要求之后，客户只会有两种反应，一种是直接不再参加这种活动，从而导致我们很难再邀请到真正有价值的客户；另一种是客户来了，他只表面应付你的要求，说："我考虑一下，回去我也盘一下资金"。

客户这种没有现场驳我们面子的做法，于此刻的他而言就已经给予了我们"恩惠"，他不会再对我们有亏欠的感觉，自此这种技巧彻底失效。

所以这种"互惠"技巧是一种短期有效、中长期必然失效的技巧，无法形成复利，应该摒弃！

那摒弃了这种做法，答谢会活动还做不做呢？再做的话，送礼品和卖产品之间又该建立起什么样的关系呢？读者请思考后给出答案，我也很愿意与大家一起进行探讨和交流。

当然，直截了当的产品路演活动，和客户说清楚了活动主题等，客户参加后，我们让客户购买，不在上面所说的情况之列。

2. 基于承诺与一致原理的假设成交法

基于客户自己做出的承诺，含着泪也要把它咽下去的"假设成交法"。

在有些培训中，我们会收获到这样的成交技巧，叫作"假设成交法"，就是在和客户沟通了一会儿后，突然给客户来上一句："您对这只产品还有什么不清楚的地方吗？那您看是买 5 万元还是 10 万元呢？"

在这种情况下，客户有点反应不过来，会下意识地告诉自己不要选择对自己来说更不利的选项，所以往往会脱口说出更少的金额选项。

好的，到这一步，你不用担心客户会反悔了，因为是客户自己做出的决定，基于承诺与一致原理，即使决定是被动的，客户也会把它完成。

只是，事实是怎样的呢？客户在购买完产品以后会怎么想呢？客户同样会觉得自己被套路了，从而导致在后续和你沟通时变得更加警惕，对你产生防范。而一旦我们和客户之间形成这样一种有阻碍的交流与沟通气场以后，后续的产品推介就会变得非常难。

而且，非常遗憾的是，我们卖的是基金产品，这样的成交一旦产品的短期业绩不佳，客户的情绪就会无以复加地汹涌而来，挡都挡不住。

所以，请摒弃掉这种突如其来的"假设成交"，其实营销和投资在很多时候是很像的，那就是"往往短期有效的策略，在长期就会面临失效，并且无法挽回"。

3. 基于编造数据的社会认同

基于从众和安全感的逻辑，杜撰和编造出来的案例、数据等，都会有这样的句式"我有一个朋友……"。就像有句玩笑所说的那样，所谓的"我有一个朋友……"的背后其实大多情况说的就是当事人自己。

不管是随口提的类似上面的这种杜撰或编造的人物、场景或案例，还是演戏演全套的安排非实际购买者的角色扮演、发表体验与感受，都应该杜绝。

虽然这种相较于前面两种和客户直接沟通的"套路"，让客户觉察到的难度要高一些，但是客户往往还是能从一些细节或细微处有所分辨，特别是针对一些高净值客户的时候，当他认识到这名理财经理其实在有意说谎时，那么基本上客户已经在内心将其打入了"冷宫"。

4. 基于销售的喜好

以销售为导向的产品推介。当客户对理财经理形成喜好之后，信任感很容易就会建立起来，产生"因为信任，所以简单"的结果，从而使得不管理财经理推荐什么产品，客户都会欣然接受。而此时究竟应该给客户推荐什么产品，每个客户买多少，怎么买，就成了一个"心即理，致良知"的问题。

一个珍视自己好不容易建立起来的客户"喜好"的理财经理，也一定是一个至少在主观意愿上愿意对客户认真负责的从业者，只是如何提高能力，从而形成"好心办好事"的结果，则是需要持续努力的。

这里，可以给大家一个简单的指引，既要完成考核任务，又要对客户负责，最简单也往往最不简单的办法是"拓展更多的基金客群，让更多的人购买合适的仓位，而不是永远都只是一小撮人买很高的仓位"。

5. 基于身份的权威

所谓的身份权威，就是通过营造出来的角色、职位、社会地位等，来影响客户，从而让客户产生购买决策。

比如每到岁末年初，很多银行网点都会在活动宣传板上写着"行长推荐"的做法，就是依托身份权威营造出的一种权威效应，从而达到在客户心智中引起重视的目的。

同样，这也是一种对于权威效应的浅层次应用，虽然说它的破坏性影响并没有那么大，不会给客户特别不好的感受，但将这种浅层次的"权威原则"，往"专业认可"乃至"人格认可"迈进，才是权威应用应该努力的方向。

6. 刻意营造的稀缺

如果在市场已经进入疯狂时期，越来越多的人开始贪婪而非恐惧之时，还在刻意营造一种稀缺的感觉，那就大错特错了。

六、转化——让基金助推持续发生的十六字箴言

好不容易让客户购买了一款基金产品，开启了基金投资之路，但客户后续

却没有继续配置，"买"的行动没有持续发生。

银行里组织了对客户的体系化的培训，专项的基金辅导，在此期间也卖了很多基金产品，但是培训或辅导一过，效果就淡化了，甚至基金产品卖不动了，这是"卖"的行为没有持续发生。

如何让"买"和"卖"的行动都持续发生呢？

这个问题的答案总结起来就十六个字，分别是内驱唤醒、改变认知、持续触发和可变酬劳。

而让这十六个字真实有效的底层逻辑则来自于斯坦福大学说服力科技实验室的福格行为模型——B = MAT（如图 4-10 所示）。

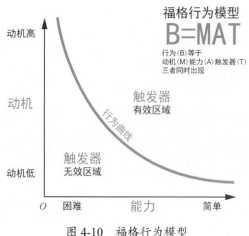

图 4-10　福格行为模型

B=MAT，其中 B 是 Behavior（行为），M 是 Motivation（动机），A 是 Ability（能力），T 是 Trigger（触发）。也就是说，如果我们想要让一个行为（持续）发生，那么需要动机、能力、触发三者同时作用，而上面所说的十六个字中的"内驱唤醒"对应的是动机，"改变认知"对应的是能力，"持续触发"和"可变酬劳"对应的都是触发。

接下来，我们展开聊一聊内驱唤醒、改变认知、持续触发和可变酬劳。

（一）内驱唤醒

爱德华·德西写过一本书，叫作《内在动机》，书中对人们内驱力的三个最为核心的影响因素进行了总结，分别是自主、胜任和联结。

1. 自主

即你得拥有自主性，得自己本身就愿意去做这件事。若自己本身就愿意买或卖，就不需要内驱唤醒，但事实是我们恰恰缺少这种自主性，并没有这种强烈的意愿想要去行动，那怎么办？

接下来这句话非常重要：自主性是可以营造出来的。如何营造呢？三个字：参与感。

如果你想要客户购买你的产品，你就要想办法提升客户的参与感，让客户以为这都是他自主选择的。如果你想要员工卖出产品，那么你也要想办法提升员工的参与感，让员工觉得这也都是他自主选择的。

提升客户参与感的方式有很多，比如让客户去选择他最喜欢的基金经理/产品，给他们设计或定制一份专属的基金（定投）温暖画册（重点不用突出产品，而是增强与客户的互动，留出客户可以拍照或留痕的空间，甚至可以送客户一个拍立得相机等），设计各种各样、丰富多彩的活动。

提升员工参与感的方式也有很多，比如成立专属的基金账户投顾小组，每次相关活动、产品配置都认真听取小组成员的意见，给予专属的精神激励，打造与账户有关的峰终时刻等。

2. 胜任

买者的胜任是有闲钱，可以用来投资。卖者的胜任是有专业及构建信任的双重能力，可以用来影响客户的购买行为。若只有一件事情有能力去做，那么这件事情才会更容易持续发生。

如果你想要客户买，就要去做一开始的 KYC（对客户信息的强化审查）甄别。我们以个人养老金账户的开立、缴费以及投资为例进行讲解。个人养老金账户的开立是一项国民工程，所有在中国境内参加城镇职工基本养老保险或者城乡居民基本养老保险的劳动者都有资格开通，这就涉及将近 10 亿人，但真正有动力开通以及后续有能力持续投资的只有达到缴纳个税门槛以上的白领以及中高净值客户。

要说明的是，面对不同客群的利益沟通的侧重点是不一样的。

如果你想要员工卖出产品，后续能够持续提供专业的投顾建议，具体为客户配置什么产品，以及如何避免客户出现一些投资行为偏差，就需要在财富管理转型和迭代快速的今天，不断地提升他们的自学意识，提供给他们更多元的持续学习的机会和选择。

不会卖、不想卖、不敢卖是一个恶性循环，会卖、想卖、敢卖是一个正向循环。提升人的内驱力，既可以从胜任力提升的角度入手，也可以从自主性的改变着手。

3. 联结

人是群居的，买的多的和卖的多的都不要让其变成异类，营销往往就是要让人们内心有安全感才更容易促成。

前面我们举到过这个例子：如果你看到一个透明的捐助箱，正好你身上有些零钱，那么此时决定你要不要把这些零钱捐了的关键可能不在于你有没有善心和有没有人去引导你，而是捐助箱里有没有足够多的零钱。这就是联结的重要性，也就是说，当你考虑要不要捐款时，钱箱里的零钱的多少便与你产生了联结。

如果捐助箱里的零钱很多，你可能会非常自然地就把自己口袋里的零钱放进去了，但如果捐助箱里是空的，哪怕你再有善心，你把零钱丢进去的时候心里面也会犯嘀咕：这是不是一个骗子？这些钱是不是真的捐给了大山里的孩子……这会让你没有安全感。

所以，投资需要通过说教让投资者与赚取财富产生联结，而营销则需要通过迎合让客户与产品产生联结。为了让行动持续发生，我们要记得去帮我们的客户和员工营造一种社会认同感和安全感。

比如，对待客户的营销方式：一开始在个人养老金账户项目启动时，营造热火朝天的氛围和气势，有了开通数据之后，再不断地追踪和披露，甚至宣传"更多人开通个人养老金资金账户的平台"等，方法不一而足。而对待员工，则一开始就用体验式营销的方式，让部分员工参与其中，形成示范效应，而后不断扩大范围等。

（二）改变认知

"你永远也叫不醒一个装睡的人"这句话的核心意思是说人们往往都有着自己固有的认知，很难改变。所以我们才会说，这个世界上最难的事件之一，就是往一个成年人的脑袋里装进一个思想，改变他的认知。足可见改变一个人的思想或认知是很难的。

因为很难改变就不改变了吗？不，再难也要改变，因为只有改变了认知，才能产生自主性。

那么如何改变？需要以下步骤和方法。

1. 先改变行为，再改变认知

我在安抚篇中讲过，在亚当·费里尔的著作《如何让他买：改变消费者行为的十大策略》里，有一句让人醍醐灌顶的论断：行动改变态度（认知），比态度（认知）改变行动要快得多。

要想改变一个人的认知，最好的方式不是一直说教，而是让他行动起来。

2. 当行为与认知不一致时，人们就会认知失调

人有一种非常本能的惯性就是放过自己，如果没有的话，就会认知失调。即当你的行动和你的认知不一致的时候，你就会失调。失调了怎么办？就要扭转，要么改变行为，要么改变认知。

3. 润物细雨——让行动持续发生是改变认知的最好方法

其实我们可以先用诱导和触发的方式来促成行动的发生，以此撬动个体的主观意识，从而使得改变一个人的思想/认知变得更容易。

诱导和触发，不是持续不断地进行投资者教育，而是要想尽一切法律法规、道德准则范围以内的方式方法，竭尽全力地去促成行动。以养老金账户开立为例，这些方法可以是现在的薅羊毛的活动法，可以是调研法，可以是全员营销法，也可以是产品法等。

然后，再来改变一个人的认知。是的，投资需要说教，营销只需迎合。如果少了说教，我们就缺少了职业赋予我们的使命和创造的核心价值。如果少了迎合，则很难展开行动。

那么具体的从行动到投教的逻辑，以个人养老金账户为例，要如何安排呢？具体如下。

（1）小步快跑，改变行动。

乔纳德在《象与骑象人》里，讲到人们的行动是受情感（象）和理智（骑象人）以及路径环境的共同影响的。如果我们想要让行动持续发生，就需要优化环境，降低行动的难度，即一开始步子不要迈得太大，要学会用小的决策来

促成行动的发生。在个人养老金账户这项业务上，就是对业务步骤进行有效的分解。大体来看，个人养老金账户业务的核心步骤有三个：① 开立资金账户；② 转入资金（入金）；③ 选择投资产品。

如果我们一开始就想毕其功于一役，就会大幅提高大众决策的难度，降低行动发生的可能性。所以，我觉得在囚徒困境之下，各个机构一开始开展的薅羊毛大赛，以及主要以开立账户作为核心目标的绩效结果是现实路径下比较优的选择。以此类推，接下来如果我们还想继续让后面的步骤发生，那么也可以考虑继续用活动法去助推。比如现在有些银行开户送多少微信代金券，入金又送多少，就是分步骤做活动的方式。

（2）持续投教，有所侧重。

"我知道在广告上的投入有一半是无用的，但问题是我不知道是哪一半。"这个至理名言堪称广告营销界的"哥德巴赫猜想"，"提出这句名言的人是美国的百货商店之父约翰·沃纳梅克。在金融行业里的投教投入上，无效论或许同样适用，不过具体哪一半是无效的，或许可以找到答案。

在这样一个资讯爆炸的时代，没有人会真正关心和自己没有关联的事情。所以，投教真正能够落到实处的或许恰恰是对那些已经开启了第一步行动的人们，而漫天飞舞的没有目标对象和有效触达手段的宣传与推介很多时候都只是自我感动。

所以，针对已经开立了个人养老金账户的人，就要有体系化的内容直接触达给他们，包括个人养老金的制度背景、场景模拟、产品比较、精准计算、有问有答等，并针对不同的客群具体的素材再有所侧重。比如，整体个人养老金账户的好处，总结下来有三个：合理抵税、强制储蓄、投资增值。

针对月入 5000~8000 元的普通白领的投放侧重点要落脚到强制储蓄和投

资增值上。不过我发现有些股份银行的开户侧重点放在了月收入 8000 元以上的人身上，其实这是一种很狭隘的做法，我们应该用动态的眼光看待收入的问题，月入 5000 元的可能没过两年就会变成月入 8000 元甚至更高的人，想办法先把这部分人的资金账户开了，才是个人养老金业务扩大源头活水的正确方法。

针对月入 8000 元以上的白领的投放侧重点要落脚到合理抵税、投资增值及强制储蓄上。

而针对更高收入群体包括高净值客户的投放侧重点则要放到抵税的绝对值上。

（3）顺滑过渡，从养老金账户到核心投资账户。

目前，有些培训机构已经开始向银行兜售当年 ETC 大战时的辅导方案，想要协助银行快速起量。但其实，个人养老金业务和 ETC 业务还是有很大区别的，即养老金业务做起来的关键并不在于前端，而在于持续性。

从前端来看，个人养老金业务的难度其实远小于 ETC 业务，因为它并不需要个人到银行网点现场开户、办理手续。但从持续性来看，个人养老金业务的难度又远高于 ETC 业务。

因为从入金到选择投资方向，再到具体投资产品的配置和后续是否要进行调整，都是专业制胜，如果做得好，那么这项业务能够带来的接触点与延展性会给我们非常大的想象空间。所以，我们一定要从这个层面认真思考个人养老金账户的价值和业务逻辑，以期尽可能地顺利过渡到客户的核心投资账户。

显然，这样的逻辑原先的 ETC 辅导方案是无法奏效的。

（三）持续触发

讲持续触发之前，先给大家推荐几本书，比如希思兄弟的《行为设计学》

系列，还有尼尔·埃亚尔和瑞安·胡佛共同写作的《上瘾》，看过后相信你会有很多启发。

为什么我们可以用诱导和触发的方式来促成行为的发生呢？因为人是复杂且简单的。

我岳母有时候会说我随口"打哇哇（随口附和）"。她给我交代的很多事情，我都没经过大脑思考，直接就"嗯嗯啊啊"地同意了，结果到头来又没有真的做到。因为在我的记忆中，好像她给我说的很多都是改变生活习惯的事，我或许明知道很难改变，但又不想直接粗暴地无视她的好意，所以就出现了随意应付她的这种情况。

实际上，我之所以随口"打哇哇"还有更深层次的原因：人的大脑深度思考是靠前额皮层的，情感因素是由小脑、下丘脑、基底神经元来主导的，前额皮层很薄，如果人在日常或一些无关紧要的事情上过度消耗，就必然会影响它在更多重大事情上的聚焦能力。这也是我们说的"人的意志力是有限的"科学依据。

所以，在日常生活中，我们有很多非理性的时刻，这就为我们诱导和触发一些行为的发生创造了条件。

但是，我们最好不要强制、逼迫着他人去改变，这样不但适得其反，也是一种不平等的改变方式。用改变路径，或改变骑象人或大象的方式（见乔纳森·海特所著《象与骑象人》）去改变他人，会是一种更高级和润物细无声的方式，这也是我们所说的行为设计。

接下来，我们就用行为设计的方式来看看如何"触发"。

（1）"触"是接触、触动、触点。

在服务营销里会专门讲到"接触点营销"，那么何为"接触点营销"呢？

比如我们去逛商场，一些商场的电梯感觉修得不是特别人性化，需要你多转一圈才能上楼，它的目的就是增加客户对商品的接触。再比如我们去参观博物馆等，一般出口都要绕很长一段路，路两边全是卖小商品的，绕路的目的也是为了增加客户与商品的接触。

（2）"发"是发生、发动、发展。

客户受到外界刺激而产生情绪触动，会导致其意识发生改变，而后有所行动。"外在触发"主要是物质刺激：比如额外的奖励，类似我们银行的高额的中收和考核系数，但"外在触发"不太持续。"内在触发"主要是唤起客户正面的或者是负面的情绪。

下面，我们同样以个人养老金账户开立以及入金为例，看看理财经理有哪些触发手段可以借用。

1. 外部触发

外部触发，主要是通过发出行动召唤来暗示用户。我们身边的很多东西都可以充当行动召唤的工具，比如个人养老金账户：国家频繁出台相关政策大力发展个人养老产品，各个机构也陆续出了很多与个人养老金账户相关的投教内容，以触发我们开立账户，而当开立完我们决定要买什么产品时，可能又会受到市场、平台以及个体等的影响。一般在这种情况下，可供理财经理使用的外部触发方式主要有以下 3 种。

（1）市场触发。

这是市场和政策的力量。需要我们对一些政策、时机、事件特别敏感。比如，宏观经济指标、政策导向、热点板块轮动、资金流向、指数估值、群体情绪、突发事件等。市场触发的方式大家平时用得比较多，比如常用的 M2 增速、CPI 指标、北向资金流向等。当然还有指数估值、市场成交量或者常用的一些数据分析，如 3000 点以下持有基金的盈利概率等，这些都是我们可以利用的点。

（2）平台触发。

这是平台的力量。平台触发主要是指所在组织针对客户提供的特色服务、优惠活动、特色资讯等。比如，很多机构推出的"客户投资策略报告会""高端客户沙龙""××投资计划组合"等。

类似地，针对个人养老金，线上我们有专区体系内容和一些直播活动安排，线下也有针对性的沙龙活动等开展，大家可以花点时间把所在机构提供的服务或者活动整理一下，找出一些差异化的服务，然后有针对性地进行投放，这也是触发客户采取进一步行动的比较好的方式。

（3）个体触发。

个体触发主要是指我们的服务质量、专业水平及情感维系等对客户施加的影响，这是个体的力量。比如，很多理财经理每天早上发的财经早报或者知识营销，其实都是在提升个人的服务质量；下功夫努力提升自己的专业水平，也是为了让客户对我们更加信任。

外部触发主要是借助一些信号或者特殊事件来影响客户的行为，很多时候的触发都是"千人一面"的，因此大家平时用得都比较多。在讲了外部触发后，下面我们再来详细讲一讲内部触发。

2. 内部触发

内部触发，主要是关注个体的差异化，调动个体的情绪，让我们的产品与个体的思想、情感等发生密切的关联。一般而言，可以被我们借用的内部触发时刻主要有以下 3 种。

（1）低谷时刻。

低谷时刻，更多意味着失去，比如失去工作、投资亏损等，但人人都害怕失去，人人都恐惧未来，人人都不想亏损。比如，因为原油宝事件，所以才让我们意识到不熟悉的东西不要去碰；因为遭遇了亏损，才让我们懂得要做好分散投资和资产配置；因为市场波动太大，所以我们要做长期投资；因为周边老人的生活质量退休前后相差极大，所以我们更加关注自身的养老问题；因为市场不确定性太大，所以作为个人投资者的我们必须牢记"闲钱、闲心、闲时"。

"低估事件"需要填平，因此为避免未来后悔，就需要提前做好"投资准备"，给客户强化一种认知，即每一次失去都是一次学习，都是避免未来犯更大错误的资本。但为了避免未来犯下更大的错误，我们需要未雨绸缪，提前布局，做好财富规划。

（2）转变时刻。

转变时刻大多不可预测，转变包括职业转变、生活转变、市场转变、节奏转变、想法转变等。

比如，针对养老相关话题的一些特殊时刻——重阳节、父亲节、母亲节等，人在一些特殊的节日是有想多消费的欲望的，在一些特殊的节日也会有想投资的诉求。

转变事件需要"纪念"，生活需要仪式感，在客户心中打上强有力的烙印，"重要时刻，先投资""重要人物，先投资"。

（3）里程碑时刻。

里程碑时刻大多可预测，里程碑时刻包括升学、结婚、换生活轨道、事业有所突破等。

比如，大学刚刚毕业，我们需要强制储蓄/孝敬父母；买房结婚，我们需要存生育金/旅游金/买车/供养双亲等；小孩出生后，我们又面临着养小家/教育金/换房/存钱等；小孩开始读书后，又需要考虑学区房/教育金/退休后怎么办……

里程碑事件需要"凸显"。每当我们人生出现一次里程碑事件的时候，就需要在我们的"梦想存钱罐""投资账户"中投入一笔。

这里给大家提到的"低谷、转变、里程碑"其实是在给客户设计一些特殊"记忆点"，好比我们去一个城市旅游，一定会到当地的地标建筑打卡。当我们回顾自己过往的生活的时候，往往也只会记得一些"特殊的时刻"，即我上面提到的"低谷、转变和里程碑"时刻。内部触发就是在客户脑中不停地强化，当他遇到这些时刻的时候，一定要记得先投资。

总结而言，在持续触发中，我们分享了触发的两种类型：外部触发和内部触发。针对外部触发，我们从宏观到微观，分享了市场触发、平台触发和个体触发；针对内部触发，我们给大家讲解了低谷时刻触发、转变时刻触发、里程碑时刻触发。希望大家在营销的时候，一定要对外界的事物、事件、人物等保持敏感度，懂得运用一些触发手段对客户发起行动召唤或者触动客户自身的情绪，让客户主动采取行动。

（四）可变酬劳

微信的"可变酬劳"体现在你发了一个朋友圈，永远都不知道有哪些人会在什么时候给你点赞，所以你会怎么样？会时不时地就要打开微信看看情况。这就是可变酬劳让行动持续发生的一个例子。

如果你想让更多的客户持续购买你的产品，那么你同样需要为客户创造这种可变酬劳场景，这种可变酬劳并不体现在基金净值本身是可变的（这只会促使客户不断地看账户，而不是持续地进行投资），而是体现在你为客户提供的一些服务中（如现在很多机构针对客户的保有资产和投资行为设计的会员体系等）。

如果你想要让员工持续卖产品，就同样需要为他们设计更多的可变酬劳，比如更加丰富、多元的物质和精神激励，以及通关的游戏等。

结合影响力的六大原则和 B = MAT，还有一条可行的路径去真正地建立持续推动力。

1. 行为的可持续性

在行为主义大师斯金纳的理论当中，操作条件反射的四种类型分别对应着"刺激条件"与"行为发生"之间的关系。这四种类型分别是正强化、负强化、惩罚及消退，伴随着这四种类型，人们的行为发生频率也发生着对应的"增加"或"减少"的改变（如表 4-3 所示）。

由表 4-3 我们可以得到启示，正向刺激的强化会增加行为发生的频率，负向刺激的减少也会增加行为发生的频率，而惩罚或刺激消退，都会造成行为发生的频率下降，即行为频率随着外界刺激的降低而减少是一件很正常的事。想要让行为持续，就必须要有一个让行为持续下去的刺激。

表 4-3　斯金纳的操作条件反射——行为模型

四种类型	条件	行为发生频率	举例
正强化	呈现愉快刺激	增加	如奖励物品、表扬
负强化	撤销厌恶刺激	增加	如都是撤销处分
惩罚	呈现厌恶刺激	减少	如谴责、打骂
消退	无任何强化物	减少	如不予理睬

2. 承诺与一致中的"内心的抉择"和"抛低球"策略

在本模块中，我们介绍"承诺与一致"发挥作用的四个因素中的后两个，即"内心的抉择"和"抛低球"策略。

其中"内心的抉择"是说，承诺如果是内心真实的想法，那么不额外增加特别的奖励或惩罚反而会增加承诺的持久性。

这一点结合前面斯金纳的观点，可以发现什么问题？

斯金纳做的实验的对象是各种各样的动物（最著名的是斯金纳箱的小白鼠），虽然某些方面其实验的结果和得出的结论也适用于人类的行为（因为人性中包含有动物性的成分），但毕竟人是显著区别于其他动物的，而最显著的特征就是我们的主观能动性，其中"内心的抉择"，即做一件事情的核心是否来自"内心真实的想法"就成了一个行为是否能持久、持续下去的关键。

而再结合上面的"不额外增加特别的……"，我们可以看到，这种奖励加惩罚，即"胡萝卜"加"大棒"的模式带来的业绩增长和行为的发生，必然会导致我们进入斯金纳操作条件反射的"动物反馈"范畴当中，这样的害处极大。

所以，能够让一个个体行为持续下去的核心是什么呢？

答案只有一个，那就是"自主"，就是"内心主动地选择"。

这一点，与本模块前面分享的体系 B = MAT 中的 M（动机），特别是内在动机的"自主、胜任、联结"是完全相通的。

3. 基金营销的"自主性"如何产生

上一小节我们讲到，自主就是内心主动地选择，那么具体到基金营销这个话题，我们又该如何变成内心主动地选择呢？主要来自三个方面的努力，即唤醒、行动和设计，具体如下。

（1）唤醒。

所谓"唤醒"是审视自我，给自己一个能够说服自己的理由。

这个理由必须是长期的、不可随便更改的，它往往和信仰、底层逻辑直接关联。

比如，深刻认同资本市场正在进入的权益投资大时代；了解普通人参与这一市场的最佳方式是通过机构化/产品化的方式，并且以"价值投资"和"仓位管理"的方式来参与。同时认识到，抵达彼岸的路并不平坦，最需要克服的其实是人性的弱点，规范投资行为去度过幽暗岁月。

这种"唤醒"说起来容易，做起来是很难的，说到底它是认知（或性格）的问题。

这些道理不容易被认同的最大的原因是，资本市场的"投入"和"回报"与我们日常的经验往往是不一致的。我们常规接收到的观念是"一分耕耘，一分回报"，强调的是"一一对应"。

但实际上，金融产品的投资需要的是"均值回归""时间的复利""从均衡走向均衡"，这就导致"短期被证伪的逻辑恰恰在长期是有效的，而短期有效的逻辑在长期恰恰是失效的"。

所以，"唤醒"是需要"时常拂拭，经常进行中"的，这个时候"鸡汤""培训"持续进行，再加以长期结果的验证才能让"不坚定分子"也能被"唤醒"。但请记住，"唤醒"的底层逻辑一定是不容易被证伪的，且在摆脱掉外界的激励和处罚后，依然能够让人感觉到价值感，否则，"唤醒"就失去了意义。

（2）行动。

这里的"行动"指的是不要去想意义和价值的问题，将它变成一个内生变量，即这一切都由顶层设计好了，一切都是有意义和价值的，你要做的就是去行动。如此就会对"行为改变态度，比态度改变行为快得多"这句话有了更进一步的认识。

（3）设计。

"设计"要用到的是"抛低球"的技巧。所谓的"抛低球"，指的就是"先给人一个甜头，诱使人做出有利的行动决定（购买/销售），等做好了决定，却还没最终拍板交易，给出甜头的一方巧妙地取消了最初的甜头"。

直接从上面的概念来理解这个技巧感觉不是特别友好，比如买车的时候，卖车的人说目前相比于正常情况会有什么优惠，这促使我们做出了购买决定，但在实际交费的时候，又突然说因为什么原因，这一优惠不能享受了，这个时候很多客户依然还会决定继续购买。但是我们说工具本身并没有善恶之分，核心取决于我们以什么样的方式使用它。上面这个买车例子就是"抛低球"被恶性使用的场景。

我这里要说的是"抛低球"被正向使用的方法。在《影响力》这本书中，讲到了一个引导用户节能的案例。最开始的时候，节能宣传员会上门教住户节能技巧，所有住户都答应试试看，但从一个月后的结果看，答应节能的居民的天然气使用量和随机抽选的节能宣传员没有上过门的住户的天然气使用量一样多。

这样看来，仅有良好的意图和节能的信息，还不足以改变人们的生活习惯。接下来，节能宣传员改良了自己的做法，采用层层递进的方式，最后给了我们震撼性的启示。

- 继续到访家庭并介绍节能技巧，只是相较于从前，增加了一个"会在本地报纸上登出节能家庭名字"的表彰。这样做后，效果立竿见影，一个月后，到访家庭节省了 12.2% 的天然气。

- 节能宣传员开始暗中动手脚，他们取消了最初促使人们节约使用燃料的奖励，住户家庭都收到了一封信，意思就是因为种种原因，没办法在报上刊出住户的名字了。这样做之后，结果又是怎样的呢？住户是继续回到了浪费能源的老路上，还是继续按照之前的行为节省下去了呢？实际的结果是，在收到信知道自己名字见不了报的住户反倒省下了更多的天然气，节省了 15.5%。

为什么会这样？因为通过前期的引导和讲授技巧，住户其实是被"唤醒"了，再加上外界奖励的刺激，他们开始行动起来，用节能宣传员教授的技巧节约能源。而在登报表彰的机会消失之后，也并未影响住户们节约能源的决心，因为这时候他们做出的节约能源的决定已经是发自内心的了，也就是说他们在这个过程中已经养成了一种节约的好习惯，并且这种好习惯还给他们带来了好的感受。当然他们还可以有很多发自内心的理由，哪怕最初的理由（登报表彰）没有了，也不会影响他们节约的决心，反而会让他们节约的决心下得更大，因为此时他们的行为已经真正回归到"内心的选择"这一点上，从而使得节约的行为不仅会持续，而且会持得续更好。

如何将这种做法平移到基金营销中去呢？通过"唤醒"去理解基金的必要性，再通过激励去促使行动，再适时地平移掉奖励，让行动继续。

延伸阅读：乱世重营销，太平谋发展？

这个思考是源于我和我的合伙人昌利国老师的一次讨论。

昌利国老师说，他就是一个适合在乱世当中生存的人，因为他很擅长营销，营销需要灵动的思维和一些比较敏捷的处理方式，在变化非常快速的外界环境中，他反而可以更加得心应手，而他说的营销就是一种以结果为导向的，甚至在某些时刻需要"想尽一切办法"的推动方式。

乱世之中，成王败寇，活下去才是最重要的，所以这个时候不要去想那么多有关价值观和长期主义的事情。这让我想起了一个耳熟能详的寓言故事，一个农夫向国王要粮食，农夫帮国王种庄稼，第一天只要1粒米，第二天要2粒，第三天要4粒……以此类推，一直要到第30天，国王一听这才能有多少米，便欣然答应了。当然这个故事的传统结局是，国王根本无法承担这个结果，请求农夫让步，这个故事强调了长期带来的复利的价值和意义，但我要讲的这个故事的结局是这个农夫在第七天的时候就饿死了……

前面几天只有一点点米，人是活不下去的。所以，考虑长期事情的同时也要考虑近期的事，做长期正确的事，短期也不能完全不考虑。

只有活下来才能有发展，所以不能本末倒置，这样的观点你认同吗？

这样的观点是非常有市场的，因为确实有它非常合理的一方面。但是，反过来去想这个问题可能又会觉得哪里不对劲，比如，我们为什么总是会身陷非常艰难的境地？为什么我们总是徘徊在低区的均衡当中天天考虑生存的问题？会不会因为我们总是着眼于解决紧急问题或老是习惯盯着短平快的赚钱路径，而忽略了那些非常重要但看似不紧急的事情，从而让自己不断地陷入到被动当中呢？

所谓人无远虑必有近忧。若我们从来不考虑以后，那么当以后的苦日子来时我们又有什么资格和理由去怨天尤人呢？

所以，任何时候都别忘了自己为什么出发。真的是乱世重营销，太平谋发展吗？我的观点是并非如此，我想给出的答案是乱世也要重发展，太平也要谋营销。任何时候都要有诗和远方，虽然在我们吃不饱饭、苦苦求生存的阶段，可能并没有完全遵循自己的价值观，但至少我们要知道何为正确，知道我们应该宣扬什么，而等到我们缓过来的时候，知道我们又该真正坚持什么，这些对我们来说都是极其重要的。

只有这样，"迂回"才不等于"妥协"，我们也才能真正前进，真正从低区的均衡进入到高区的均衡。至于究竟如何"迂回地前进"，《了不起的盖茨比》的剧作家费茨杰拉德说过一句经典的话："一个人能同时保有两种全然相反的观念，还能正常行事，是第一流智慧的标志。"所以哪有那么多的委曲求全和咬牙坚持，真正能够坚持的人从来不觉得这是一种坚持。脚踏实地，眼观星空，真理会到，但我们要保证真理到的时候我们还在场。为了做到这一点，就要把问题真正想透看清，给自己一个能够"自圆其说"的答案，同时学会迂回地前进，智慧地博弈，做一个现实的理想主义者。其实若将这些问题想明白了也就不纠结了。

模块五

应对、安抚与助推，一切皆为服务

其实这个标题，是在决定写这本书、列本书大纲时就已经写就的，并且这篇总结，也是在我正式写作整本书之前就已经开始动笔写下的。在我看来，这篇预示着我们这段"同行旅途"暂告一段落的文字同样十分重要。这里面应该有个子集的概念，也就是"包含"和"包含于"的概念。

一、理财规划、资产配置和情绪按摩是子集

我在介绍我们财富管理从业人员的角色定位时，有提及我们其实主要是做好三个方面的角色，一个是理财规划师，一个是资产配置师，还有一个则是情绪按摩师。

三者的共同作用是搭建起我们对客户理财道路上的辅助导航系统，其中的理财规划是搭建起点和目的地以及大致的行驶路线；资产配置是细化路线以及选择好旅途当中的交通工具；情绪按摩则是当在旅途中遇到坑坑洼洼，甚至是大坑深坑、堵车塞道等情况时给予情感支持，让客户不至于提前下车或打道回府，而是迂回前进，最终到达目的地。

这三个角色，从财富管理、实现客户财富的保值与增值，让客户赚到他们该赚的钱和能赚的钱的角度上看，已经是穷举且完备的了。

但财富管理从业者真的只需要做好这三个角色和定位就够了吗？答案是并不够。

这三个角色和定位相当于在一个流水线上，组件和材料都已经准备好了的情况下，你只需要按部就班地做好自己的事情就可以了。但在实际的工作场景中，我们工作所需要的组件和材料并没有完全准备好，比如，客户，如果是理财工作室的经理，则还需要各种辅助系统以及可以为客户选择的各种金融产品。

当然，对于绝大多数从业者来说，当前阶段都是在平台上进行展业的。所以，当下其他的姑且不说，要解决的最核心问题依然是客户问题。

绝大多数财富管理从业者都认识到了，行业越转型，财富管理体系（银行、券商、互联网三方等）竞争越激烈，产品同质化越严重，客户就越来越成为我们彼此拉锯的焦点和核心。

所以，我们必须在理财规划、资产配置以及情绪安抚之外，再加上一个职业和角色的定位与要求，即客户助推。

在"应对、安抚与助推"的范畴中，理财规划和资产配置均可以划分到"应对"的逻辑当中去，而"安抚"应对"情绪按摩"，"助推"就是"营销"。

二、"应对、安抚与助推"同样是子集

从财富管理从业者的角度来看，本书框架是完备的，但内容却不是穷尽的。换句话说，应用这样的思维、逻辑和方法，并不能有效地指导我们的日常工作。

为什么呢？因为我们的工作往往都是连续的，但我们所学的内容却是偏思想和方法的。从一本书的角度来看，它并没有办法指导每一位朋友，每天该干什么，所以，想要时时刻刻得到指导是不可能的，当然换个角度说也没有意义。

我也没有想要写出一本能够给所有朋友提供时时刻刻参考的图书的自负，但是我却在想，我写的这本书是不是真的涵盖了我们的日常核心工作职能的

指引与建议？比如，我们常说的服务等，是否包含在了我写作的现有框架内了呢？

其实准确地说不是"包含"，而是"包含于"。因为服务是一个更加宽泛、普遍的概念，即"应对、安抚与助推包含于服务"。因此，从某种程度和意义上说，服务更适合前面提到的每天、每周、每月以及半年甚至一年的规划与安排，这样显得更加精细、面面俱到。

但服务真的可以通过学习就能学会吗？我们对待服务的态度究竟该是怎样的？

三、服务的"下"与"上"

我们的培训内容会在涉及以下两个内容的时候交出"服务"的答卷：一个是售后问题，需要看什么样的服务可以有效地解决它；另一个是营销问题，我们会说"服务营销""服务即营销"，看什么样的服务可以带来有效的增量客户或复购。这都是功利性的服务，我们平时讲到这些内容时，用的框架是菲利普科特勒有关服务的定义：服务是一方能够向另一方提供的、本质上无形的任何的活动或作业，结果不会导致任何所有权的发生。这个定义非常绕口，初听也不容易理解，但菲利普科特勒又对服务的特征进行了概括：无形性、不可分性、可变性和易逝性。

具体地，我们就要思考，究竟可以怎样将服务的无形变得有形？如何将服务化零为整，同时又将可变与易逝的服务固定下来、让客户心安？在日常的培训中，我们会围绕这几个方面去介绍如何将服务的可视化、标准化与差异化相结合，以及如何拆解服务颗粒度，针对同一客户或不同类型客户的整个财务周期或服务流程，拆分出更多的节点制作成 SOP（Standard Operating Procedure，标准作业程序）。

但在这里，这些内容我都不想多说，我想先讲几个有关服务的故事，然后给出我对服务的阶段性思考。

故事一：事情发生在我们刚刚创办九思没多久的时候，那时我们之前在行业从业时的领导要来成都跑马拉松（简称跑马），当时马拉松的参赛资格很难抢，但那一年成都马拉松的赞助商之一是一个运动品牌，它们推出了一个买装备得参赛资格的活动，每家门店都给了名额，而我们也为领导抢到了两张票。

领导很高兴，在跑马的版图上，终于可以加上成都了，至此都很顺利，但没想到，在吃饭点菜时却出现了一个小插曲。午餐点菜的时候（在一家川菜馆），我一个人提前到了餐厅去点菜，昌利国老师去了酒店接领导们，等领导来到饭桌前，看着满桌子的家常菜，就和同桌的朋友说："来成都就让我来吃番茄炒蛋啊？这做培训、做服务还是不到位啊……"

虽然领导是半开玩笑着说的，我也很快地圆过去了，但这件事还是留在了我的记忆中，领导从生活细节处给我好好上了一课。

这件事发生后，让我认真思考了以下几个方面的问题。

（1）服务这件事是真的可以学得会的吗？一个人的服务意识和服务能力真的可以得到质的提高吗？

（2）如果一个人本身就相对粗心，服务意识没有那么强，那么还能不能办成事、做好工作？

（3）服务和做好工作之间的关系又该是怎样的？

这些问题，在随后我对服务的阶段性思考中得到了答案。

故事二：同样是吃饭，只不过这一次被请客吃饭的对象换成了我。事情是这样的，某家基金公司邀请我给长沙的一家银行做一场培训，航班是早上到的，培训时间被安排在下午，因此基金公司的朋友执意要请我吃午饭，吃完午饭再一起去银行，我欣然应允了。并且，在前期的沟通中，基金公司的朋友知道我是第一次来长沙。等下了飞机，我第一时间奔赴他定好的地方——西贝莜面村。那天中午他已经提前点好了很多菜，都是些牛羊肉，但很多都没吃完。

那一刻，我脑海里闪回了成都马拉松我点菜的场景，所以只是会心一笑。因为我是第一次到长沙，我有些小期待的是，有没有可能吃个湘菜呢？抑或只是嗦碗粉，只要有特色，也是一种回忆。当然，从始至终我也没表示出来，只是在感谢对方的款待。

故事三：我已经和大家分享过了豪车毒创始人老纪的案例，他 14 岁辍学跟随自己的父母做蔬菜生意，后来他开了一个不大的店面卖豪车，他卖豪车的模式是：手上没有一辆车，只是有一个豪车销售团队，客户在他那里订了车，他再去总经销商处拿车，客户在他那里买车的价格等于或低于 4S 店的价格，并且还会有各种各样的增值服务。他开始出名的时候，团队有 9 个人，一年卖出去 10 亿元流水的车。现在，他的年销售额已经涨到了 25 亿元以上。他最有名的就是"只有你想不到，没有他做不到"的极致服务，他有句名言："同行都做过的，那叫义务；同行没做过的，才叫服务。"

这是近些年我看到的比海底捞更加极致和出名的服务营销案例。"老纪卖豪车的故事"同样也引发了我很大的思考，那就是在豪车这样一个产品高度标准化的品类里，最后脱颖而出的竟是极致服务，那在同样以理财服务并以公募基金为重要载体的品类中，最后脱颖而出的又会是什么呢？但要说明的是，这两者之间的差异性也很大，一个是消费，另一个是投资；一个是产品简单，交付就是核心价值的结束，另一个则是产品并不简单，交付是核心价值的开始。

从这三个故事中，我得出的有关"服务"的阶段性思考其实就是 16 个字："下有标准，上不封顶；结合禀赋，温暖陪伴"。

这 16 个字的核心意思具体如下。

（1）服务的意识和服务的能力存在巨大禀赋差异。

有的人，先天就活络，善于察言观色，眼观六路、耳听八方，有些人则要天生迟钝一些，反应总是慢半拍。前者的优势有助于其做服务、做营销，而后者的优势则有助于其做价值投资，长期持有。一定要认识到，天生我材必有用，而不是一定要强扭着做自己并不擅长的事。

（2）先天不具备禀赋优势的人，也要有服务的热情，习惯总结经验教训，善于学习和成长。

即便是一个不具备先天优势的人，也要善于总结经验教训，而不是放任自流，要知道没有人不喜欢被关注，也没有人喜欢被忽视。正所谓活到老，学到老，以及己所不欲，勿施于人。

（3）不要太功利，服务要有连贯性和持续性。

其实人最怕的不是一直的冷漠或持续的过热，而是像脉冲一样的忽冷忽热。服务应该是持续的，且是不冷不热的 37℃ 的温暖陪伴。这就类似于抗震救灾，我们除了需要在灾害发生的时候有所动作之外，还要重视灾后重建工作，甚至相比灾害发生时要更加用心。

至此，我们明白了，真正要做好的就是找到自己本身的禀赋和优势，将其发扬光大，同时尽可能地真诚和热情，来减弱和降低服务意识与服务能力缺乏所带来的劣势。然后，保持服务的持续性和连续性，明白服务是可以多多益善的。我见过三方理财做高净值客户的优秀从业者是如何想方设法做服务的，但是请记住，千万不可本末倒置，把自己职业的定位和真正需要做好的工作部分给忽略了、专业给丢掉了，只留下一堆华而不实的所谓服务。

　　服务是"下有标准"的，只是这个标准是什么呢？就是我们本书所概括和描述的框架，即"应对、安抚与助推"，进一步拆分又可以拆解成"规划、配置、安抚、助推、检视、平衡"等，而每一项又可以按照时间轴和具体要做的工作进一步细分和制作成 SOP。

　　这就是我们的核心与基础的服务内容，把这些工作做好了，才能称得上是一名合格且优秀的财富管理行业从业者，但如果我们还想进一步走向卓越，进一步脱颖而出成为佼佼者，那么就要考虑"结合禀赋"和"上不封顶"的服务内容了。

　　当然，不管怎么服务，都希望我们能将标准化和个性化结合，服务好客户的全生命周期，而不只是在每次销售产品时才突然热情，其他时候都特别沉静。请记住，财富管理工作本身就是一个经营信任的工作，而信任的基础是时间。所谓陪伴才是最长情的告白，持久的温暖陪伴比什么都重要。

　　在本书即将画上句点之际，我想到了 20 世纪享誉世界的文学大师乔治·奥尔威的一段话，"写一本书，其实是一次可怕的、让人殚精竭虑的拼争，就像是经历了一场漫长的疾痛折磨。若不是受到它既无法理解也无法抗拒的魔力的驱使，一个人是断然承受不了这个过程的"。

　　很幸运的是，在此过程中，我并没有感受到那种痛苦的折磨，我想这肯定与我自己过去六年保持了常态化的公众号文章更新有关，并且这本书的大部分内容其实也源于我们公司已经出的两本内刊《应对、安抚与助推》1.0 和 2.0 的核心内容，只是在成稿之际我又分别增加和删减了一些内容。删减了大概五万字的内容，主要包括"应对篇"中的"元认知""科学理性锻炼"和"避坑指南"，"安抚篇"中的投资获得感和幸福感的获取方法等。删除让逻辑更连贯，语言更顺畅，算是忍痛割爱了；同时有一大部分内容也没有过多涉及，这部分内容就是基金投顾。基金投顾犹如星辰大海，之前我们特地用了五万字专刊系统梳理和分享了这一话题。但"智者务其实，愚者图虚名"，正因为我们充分理解基金投顾的本质，所以在本书中虽然我们没有过多地提及基金投顾的字眼，但是字里行间都在讲如何在传统金融机构落地基金（买方）投顾的逻辑和方法，也因此我们将本书的副标题定成了"财富管理共赢策略"。是谁和谁的共赢策略呢？是传统金融机构、从业者与客户三者的共赢策略。当然，如果对删减部分和基金投顾专刊感兴趣，也欢迎与我们联系。

我们是做财富管理工作的，那究竟什么是财富管理呢？财富的保障与保全、保值与增值以及传承，都是财富管理的范畴和领域。

而具体什么是财富？就像我们在本书中讲解的对财富的"功能性、表达性以及情感性的需求"一样，其实它的概念也并没有局限，按照老子的说法，叫作"余者为财，心足为富"，即其实财富说的是一种有结余且心满意足的状态，最后，就借此祝大家在未来的财富管理道路上都能让自己和自己的客户"有余、知足、充盈一生"。